提升閱讀素養，掌握閱讀關鍵能力，一本就通！

閱讀素養一本通。

鄭圓鈴 著 ／ 陳完玲 繪

content / 目錄

作者序	有效閱讀：從「知道什麼」到「想到什麼」	004
推薦序	為閱讀搭鷹架，成為獨立思考的學習者！	006
推薦序	國文課，改變了嗎？——跳脫傳統的閱讀教學	007
本書使用指南	使用這本祕笈前，你一定要知道的事！	008
閱讀的十八般武藝	閱讀的認知歷程與各類文本類型介紹	009
QA 闖關技巧大公開	試題與解答的使用密技	012

大挑戰 檢索擷取

{文學類閱讀}	山上的奮戰	018
{圖表類閱讀}	阿民的英文學習計畫	024
{知識類閱讀}	學習的真諦	030
{知識類閱讀}	哈佛中輟生的遺憾	034
{文學類閱讀}	中央車站	040

大挑戰 統整解釋

{圖表類閱讀}	家庭電費支出紀錄表	048
{知識類閱讀}	也是城鄉差距	054
{文學類閱讀}	少年 PI 的創作	060
{文學類閱讀}	夜夢殺人	066
{知識類閱讀}	詩人英雄	074

省思評鑑 大挑戰

{文學類閱讀}	貼紙秀 ………088
{文學類閱讀}	麵包的祕密 ………098
{圖表類閱讀}	臺灣高鐵早鳥優惠 ………108
{知識類閱讀}	為黑暗中的生命而努力 ………116
{知識類閱讀}	全球人口突破七十億 ………124

綜合能力 大挑戰①

{圖表類閱讀}	臺灣環境總體檢圖 ………132
{知識類閱讀}	閱讀使你爬上巨人的肩膀 ………138
{文學類閱讀}	「弓山艦長」旅店 ………146
{知識類閱讀}	康熙、臺北、湖 ………154
{文學類閱讀}	說故事的人 ………162

綜合能力 大挑戰②

{圖表類閱讀}	臺灣地區常見疾病罹患人數統計圖 ………176
{文學類閱讀}	蒙克斯維爾莊園的第一天 ………182
{知識類閱讀}	從 astrology 到 astronomy ………190
{知識類閱讀}	誰需要達爾文？ ………198
{文學類閱讀}	橘子 ………206

有效閱讀：從「知道什麼」到「想到什麼」
文／鄭圓鈴

　　很多人認為要培養閱讀能力沒什麼太複雜的技巧，就是大量閱讀，大量閱讀自然就會增加很多的背景知識，進而提升閱讀能力。

　　大量閱讀的確是需要的，尤其在剛起步學習的時候，大量閱讀可以幫助我們認識、接觸這個世界，可以讓我們快速累積很多知識。透過大量閱讀，也許可以培養出一個知識豐富的小孩，但是他未必能成為一個有想法，有創造力的人。

　　那麼要透過什麼樣的閱讀歷程，才能進一步提升閱讀能力呢？

螞蟻、蜘蛛、蜜蜂式的學習

　　十七世紀英國哲學家培根所描述的螞蟻、蜘蛛、蜜蜂這三種學習類型可以幫助我們了解，究竟在培養閱讀能力的過程中，我們遺漏了哪些非常重要的歷程。

　　螞蟻只知道日夜不停的採集食物，囤積糧食，卻不會將採集回來的東西加工改造，所以採集到什麼就吃什麼。蜘蛛則利用自己肚子裡的東西，吐絲結網，選擇對自己有用的食物。蜜蜂則會先大量採集花粉，再將採集回來的材料，經過自己的轉化創造，釀成蜂蜜。

　　大量卻缺乏組織、思考、內化的閱讀，屬於螞蟻式的閱讀。這是一種被動式的閱讀，別人餵給你什麼，你就不加思索地把它吞下去。這種閱讀可能是危險的，孟子就說過：「盡信書，不如無書」；也可能是徒勞無功的，所以孔子說：「學而不思則罔」；也可能是不營養，有害健康的，所以莊子說：「然則君之所讀者，古人之糟粕已夫」。

　　蜘蛛式的閱讀，則善用自己的思考架構來組織網絡，蒐集有用的資訊，能將閱讀內容組織起來，變成對自己有用的資料，所以這是一種主動式的閱讀。蜜蜂

式的閱讀，又能進一步將有用的資料，轉化成富創造性的成果或作品，所以是一種創造式的閱讀。目前台灣教育最大的問題，就是有很多辛勤的螞蟻，每天辛苦的採集知識，卻缺乏思考、組織與內化的過程，所以很難迸出創造性的火花。

從「知道什麼」到「想到什麼」

然而學習沒有辦法直接從螞蟻式跳躍到蜜蜂式，所以需要一個過渡的鷹架，這個鷹架就是蜘蛛式的學習。我們可以這樣理解，蜘蛛結網的過程就像是讀者理解文本的過程，透過這個過程，把文本做進一步的統整、解釋與分析，這樣就能從第一個層次的被動式閱讀，進階到第二個層次的主動式閱讀。透過建立蜘蛛式的學習做為鷹架，我們最終的目標是希望讀者可以進入閱讀的第三個層次，也就是創造式的閱讀。

這本書的目的，正是希望為你搭建一個蜘蛛式的學習鷹架，協助你根據閱讀的三個歷程，逐步進入蜜蜂式的閱讀層次。所以我們先培養**檢索與擷取的能力，再進入統整與解釋文本的能力，最後具備省思與評鑑的能力。**

現在你只要每天花三十分鐘，藉由一篇篇短文閱讀，讀後回答五個小提問，就能體驗到閱讀的樂趣，也能享受到理解它的樂趣。

閱讀最困難的部分不是去讀，而是去思考。在思考的時候，要用筆去畫去寫，在畫與寫的歷程中，不斷的提升你的思考、理解能力。所以這本書不只希望讓你知道什麼，還希望讓你想到什麼。

推薦序：
為閱讀搭鷹架，成為獨立思考的學習者！

文／柯華葳　國家教育研究院院長、國立中央大學學習與教學研究所教授

　　試題的目的有很多，其中一項目的是增進學習。考過後，學生不只問答對或答錯，而是覺得被挑戰到，想翻書進一步學習。這試題就達到促進學習的目的。閱讀理解試題除測試讀者是否理解，提醒讀者再讀，再思考是其主要的功能。

　　形式上，試題大致可以分為選擇題和非選擇題。有人認為選擇題答案固定，考的是由文本直接提取或是背誦的知識。非選擇題要答題者自己寫一些字，較能測出非背誦的能力。其實不然，學生做多了考古題，即使是非選擇如申論題，仍以背誦的方式把答案倒出來。因此題目能不能讓學生動腦高階思考，關鍵不在題型，而在題目所測試的內容。

　　閱讀理解試題同樣有選擇和非選擇題，答案可以開放如寫心得與感想，也可以由文章中直接提取。讀後感或心得，看似讓學生思考但很可能學生不必讀只要看題目就能回應，學生再讀的效果可能比不上直接提取答案題。

　　基於閱讀主要目的是透過閱讀學習，因此題目需要搭鷹架，一梯一梯引導學生在文中探討。這就如鄭圓鈴教授採用培根的學習類型說明閱讀的方式，包括螞蟻式、蜘蛛式和蜜蜂式，三者間是有進階的比喻。

　　閱讀理解不容易出題，有人知道出題方式不知道閱讀和語文精隨，有人知道語文知識不知道出題的撇步。這兩者在鄭教授身上正好密切結合，成就了這本書。本書幫助讀者在鷹架下，思考自己的閱讀方式，以及如何成為獨立自主的學習者。謝謝鄭老師的用心。

推薦序：
國文課，改變了嗎？──跳脫傳統的閱讀教學

文／陳昭珍 國立臺灣師範大學圖書資訊學研究所教授兼教務長

　　當大家都在為 PISA 能力該怎麼培養，老師該怎麼教之際，鄭圓鈴教授的：【有效閱讀：如何讀？怎麼教？】及【閱讀素養一本通：3 階段閱讀歷程 X 3 大文章類型 X 105 道閱讀能力檢測題】兩本書，無疑是國、高中老師最好的閱讀教學手冊，也為老師、家長及學生掀開 PISA 閱讀之謎。

　　閱讀素養檢測沒有標準答案，也不是在找出標準答案。沒有標準答案的檢測往往讓學生及家長覺得不安，老師也不知如何批改。所以當基北特色招生擬以 PISA 方式測驗時，引起很多老師、家長及學生的反彈。在這本書，我們很高興看到，老師與同學大多在對話，在討論，而不是老師【教】，學生【聽】，既然側重於提問、討論，當然不會有單一的標準答案，但也不是天馬行空的亂無章法，而是以文本為主的直接提取及統整解釋。

　　從閱讀中學習，是學習最重要的能力之一。所以學生不僅要閱讀，更要懂得閱讀的策略，這些策略包括預測、提問、連結、統整及解釋等，如此才能真正的理解文本內容，也才能系統性、批判式的學習。本書以螞蟻、蜘蛛、蜜蜂比喻閱讀學習的三種層次，跳出傳統閱讀教學的格局，相當富有創意。螞蟻式的閱讀只知道照單全收，不會主動思考、組織、內化；蜘蛛式的閱讀因結構嚴密，知道如何捕捉對自己有用的內容，也會系統化的思考、組織及內化閱讀的內容，這是主動式的學習類型；而蜜蜂式閱讀更進一步，將對自己有用的資料，醞釀轉化為創造性的個人見解或創作，這是創造性的學習。

　　鄭圓鈴教授任教國立臺灣師範大學國文系，台師大是培育師資的龍頭大學，因此鄭圓鈴教授出版這套新書，對臺灣的閱讀教學而言，意義深遠，某種程度間接代表了國、高中國文課改變的可能性，也代表國、高中閱讀教學改變的開始。

本書使用指南：
使用這本祕笈前，你一定要知道的事！

　　這本閱讀祕笈想要提供給你的短文閱讀，著重在各種不同文類的閱讀與五個測驗題目的思考，所以閱讀時間，不必貪多，每天只需花三十分鐘即可。閱讀的順序先從第一章「檢索擷取」開始，並按照文章排列的順序由易而難，循序漸進。

　　開始進入閱讀時，請拿出你的筆來，先專心的把一篇圖表或短文，閱讀三次。接著，練習回答本書所提供的五個題目。

　　回答時除了第一章「檢索擷取」的試題外，請盡量不要照抄原文，多練習用自己的話回答，盡量把答案寫得更清楚，更流暢。

　　回答完題目，請參考本書所附的「答案核心」，檢查答案是否能掌握答案核心所列舉的重點，其次利用「參考答案」觀摩其他同學的答案。

　　本書的閱讀學習重在過程不在結果，期待你放下對、錯、分數的執著，認真的讀、仔細的想、慢慢的寫，讓自己在緩慢的學習中，慢慢釐清自己的困難，感受自己真正的進步。

閱讀的十八般武藝：
閱讀的認知歷程與各類文本類型介紹

◎閱讀的認知歷程

　　閱讀能力的培養過程就跟練功一樣，必須從簡單到複雜。這個過程可以分為「檢索與擷取」、「統整與解釋」、「省思與評鑑」三階段。三階段的內容簡單說明如下：

1. **檢索與擷取：** 這是指從文章裡尋找重要的表層訊息，並把它畫下來或寫下來，所以是閱讀理解的第一個層次。

2. **統整與解釋：** 這是指對閱讀文本的訊息，做進一步的整理，所以是閱讀理解的第二層次。整理的重點是——形成廣泛理解與發展解釋。

（1）形成廣泛的理解：就是了解文本主要在說什麼。

（2）發展解釋：就是對文本的段落內容，進行解釋。這部份是閱讀理解的核心，想提升閱讀理解能力一定要練好這個功夫。發展解釋又可以分為兩個部份：解釋訊息的表層內容與分析訊息的深層涵義。

a. 解釋訊息的表層內容： 利用詮釋詞句（圖文），解釋（原因、觀點、關係），排列順序，比較異同的方法，對訊息的表層內容，做進一步的解釋，因此問題的答案可以直接在文本中找到。

b. 分析訊息的深層涵義： 利用寫作技巧、效果、目的與寓意等項目，對訊息做深層的分析，因此，問題的答案無法直接在文本中找到。

3. **省思與評鑑：**這是指對閱讀文本的形式與內容進行反思，進而表達自己的看法。表達看法時，最重要的是能從文本尋找證據，支持自己的看法，或說明自己形成如此看法的原因，所以是閱讀理解的第三層次。

◎各類文本類型

在國、高中階段最常接觸到的閱讀類別，主要可以分為圖表類、知識類以及文學類三種，這三類文本，又包含許多不同的類型。

一、圖表類的文本類型：

（1）統計圖：將統計數字，改用統計圖來呈現，使資料更清晰易讀。常見的統計圖如長條圖、折線（曲線）圖、圓形圖等。

（2）分類圖：將做內容做不同層次的分類，使資料的脈絡關係清晰易懂。常見的分類圖如樹枝圖、組織圖等。

（3）數字表：將各種數字訊息，以表格來呈現，使資料更清晰易讀。常見的數字表如：車次時刻表、場次（電影）時刻表、頻道節目時刻表、展覽開放時間表等。

（4）圖像或插圖：利用圖像傳遞或補充文字的訊息。

二、知識類的文本類型

（1）說明性的知識短文：以客觀的敘述，說明主題及相關概念，較少涉及個人的立場與觀點。

（2）評論性的知識短文：說明主題及相關概念時，往往會表達個人的立場與觀點。

三、文學類的文本類型

（1）散文：形式靈活、題材廣泛、感情真摯、手法多樣、寓意深刻、文字富藝術性。

（2）小說：具有人物、對話及情節。人物多由對話、事件處理呈現性格特質，情節應具有衝突與高潮。某些細節描寫往往具有暗示性。

（3）戲劇：說明場景、人物對話、人物動作。情節多由人物動作及對話構成，情節應具有衝突與高潮。某些細節描寫往往具有暗示性。

QA 闖關技巧大公開：
試題與解答的使用密技

這本書編寫的主要目的是幫助國、高中生，擴展多元的閱讀視野，並且能利用有效的閱讀策略，提升閱讀能力。

以下簡單說明，試題編寫架構、QA 闖關說明、試題答案及達人閱讀秘笈。

一、試題編寫架構

本書試題先培養分項能力，再培養綜合能力。培養每項能力的試題，也會用題幹的關鍵用語提示必須使用的閱讀策略。下表對本書每一章試題的編寫架構簡要說明：

章次	閱讀能力	閱讀策略（題幹關鍵用語）
一	檢索與擷取	• 找一找
二	統整與解釋	• 說出主要的 • 為什麼
三	省思與評鑑	• 你認為
四	綜合能力	• 綜合上述題幹關鍵用語
五	綜合能力	• 綜合上述題幹關鍵用語

二、QA 闖關說明

當你開始閱讀各章的閱讀文本時，請依照 1.2.3.4.5 的順序，由淺入深，逐漸增加閱讀難度。練習試題前，請根據各章的說明，先仔細閱讀，並練習畫重點、

畫簡單的概念圖。對文章深入理解後，再練習試題。

　　練習時先看題目，想一想我在閱讀時是否已經思考過這個問題？如果沒有，建議先在題目上註記，再仔細把文章看一遍，找出提問的段落，並仔細閱讀。

三、試題答案

　　這本書中的每一道題目都附有解答。解答有兩種，一種為答案核心、一種為參考答案，部分試題還會列有錯誤答案，並且以「達人閱讀秘笈」幫你釐清困難。

　　閱讀素養尊重每位閱讀者的閱讀理解，而每位閱讀者的理解往往獨特而多元，因此本書沒有固定不變的正確答案，只有**答案核心**及每個人對答案核心的個人化詮釋與書寫，所形成的**參考答案**。所以你的答案即使與參考答案不一致也沒有關係，只要它能掌握住答案核心就可以了。

　　期待你對答案的要求能精益求精而不只是潦草應付，所以希望你認真的寫，寫完再仔細的想「這樣寫能不能把我的意思說清楚」。你可以和同學或老師商量，讓他們協助你把答案寫得更清楚明白。

　　請不要用寫選擇題的心態，草率倉促的答題，然後急著翻閱正確答案。原則上這些題目沒有正確的標準答案，因為每個人回答時都隱含著自己獨特的理解，所以我們只會提供答案核心或參考答案，你的答案只要掌握答案核心即可，不必與他人完全一樣。

　　試題重在協助你診斷自己的學習困難，並幫助你釐清自己的困難，所以不要照抄答案，因為這樣無法提升你的閱讀能力喔。

四、達人閱讀秘笈

　　對於同學感覺較困難回答或容易誤答的試題，我們會提供「達人閱讀秘笈」。這是一個學習鷹架，當你也同樣誤答時，請跟著達人閱讀秘笈的步驟，一

步步的釐清困難。如果沒有「達人閱讀秘笈」的試題你仍然覺得有困難，建議你找出屬於問題範圍的段落，仔細閱讀。

閱讀時掌握以下步驟，應該也能幫助你有效的解決困難：

1、先斷句。

2、想一想每句的重點。

3、想一想每句重點之間的關係。

4、畫出重點的概念圖。

現在，準備好了嗎？請拿出你的筆來，一起進入充滿樂趣的閱讀世界裡吧！

Part / 1
檢索擷取大挑戰

閱讀訓練的第一招,就是學會檢索擷取的能力。檢索擷取指的是能在文章裡找到明確的、重要的或特別的訊息,並且把它們圈出來、說出來或寫下來。這項能力我們在題目中特別用「找一找」做為提醒。

在這一個單元裡,總共有五篇不同類型的文章,請先從第一篇讀起,閱讀時順手把看到的重點用鉛筆圈出來。接著再讀第二次,讀時把覺得重要的,用藍筆畫一條線。最後再讀一遍,用紅筆圈出重點。接著,再回答「**閱讀闖關 Q A Time**」的五個問題,試試你的檢索擷取指數有多高!

為了訓練這項能力,我們根據難易程度,安排這五篇文章的順序。當您進行到第五篇時,也可以自己先練習設計五個問題來問自己,練習完,再比較我們所提供的問題,想一想有沒有差別?這樣也可以提升你的自我評估能力!

註:問題前面如果有 * 的符號,表示它是較難的試題,* 愈多表示問題愈難。

文章 ① 文學類閱讀：山上的奮戰　　　　　　　　　文／齋藤惇夫

文章 ② 圖表類閱讀：阿民的英文學習計畫

文章 ③ 知識類閱讀：學習的真諦　　　　　　　　　文／殷允芃

文章 ④ 知識類閱讀：哈佛中輟生的遺憾　　　　　　文／比爾蓋茲

文章 ⑤ 文學類閱讀：中央車站　　　　　　　　　　文／黃英雄

1 山上的奮戰

文／齋藤惇夫

Atsuo Saito, GLICK NO BOKEN, (Tokyo: Iwanami Shoten, 1982): 269 - 273.
Copyright © 1970, 1982 by Atsuo Saito
Reprinted by permission of Iwanami Shoten, Publishers, Tokyo.
本文節錄自《冒險者1：北方森林的傳說—格列克大冒險》，二〇一二年十月天下雜誌出版

① 他們出發時，還可以看見北方那片雄偉的山，但下午過後，整片山都躲進了雲層中，連續好幾天都不見蹤影。

② 他們按照在海岬上做出的決定，沿著海岸一路往北，前往北山。十一月的中旬也在不知不覺中結束了，早晚變得格外冷，幸虧這一個多星期以來，天氣都很晴朗，白天太陽露臉的時候，他們可以順利趕路，晚上則盡可能早早休息，通常都在樹根下找一個地方，蒐集落葉，躲進落葉中防寒。雖然這裡和湖邊相比，食物不很充足，但幸好到處都長有雜草，他們便靠吃這些雜草的果實充飢。而他們的頰囊裡總是裝滿食物，以防萬一。

③ 他們原本打算沿著海岸一路往北後再上山，但他們提前離開了海岸，進入海岸旁的那片低矮山巒。一方面是因為沙灘不好走路，最重要的是，山上比較容易找到食物。再加上他們出發一個星期後，天氣變差，隨時都會下雨。如果在海岸邊遇到下雨，就很難找到避雨的地方了。

④ 剛進入山區的前幾天，還可以看到大海，但隨著天氣越來越差，他們再也看不到那片美麗的藍，只剩下一片灰濛濛。大海已經沒有作用了。等他們漸漸進入深山後，就真的看不到大海了。

⑤ 進入深山後，雖然時而上山，時而下山，但周圍的山越來越高。在湖畔的時候，那些被染成紅色或黃色的美麗樹木，也幾乎都掉光了樹葉；即使樹枝上殘留幾片，也變成了和地面相差無幾的褐色。由於樹上的葉子快掉光了，山上變得很清爽，視野也很開闊，但也因此感到格外冷清。樹上已經找不到果實，但他們學會了分辨哪些樹木會結果，只要撥開地上的落葉，就可以找到一半埋進土裡的樹果果腹。

⑥ 進入山區第三天的中午，壓得很低的雲層開始滴雨，不一會兒，就變成了大雨。他們不能被雨淋到，因為一旦被雨淋到，就意味著死亡，至少意味著走向死亡。天空飄起小雨時，他們立刻開始尋找躲雨的地方，最後在一棵櫸樹上找到一個樹洞，鑽了進去；只是那個樹洞離地面太近。他們預感這場雨會下很久，所以在下大雨之前，他們輪流衝出樹洞，在附近撿葉子和果實回來，裝在樹洞內。樹洞裡慢慢變得溫暖，撿回來的這些食物也足夠他們在此生活好幾天。

⑦ 傍晚之後，天色越來越暗，雨勢也變小了，但他們知道不久之後，雨就會越下越大，所以在樹洞內躺了下來。這時，雨中傳來啪答啪答的聲音，似乎有什麼動物跑向他們躲藏的樹洞。因為那個聲音太輕微了，他們並沒有在第一時間聽到。其實，那是一隻野鼠，剛才在樹下躲雨；他渾身淌著水，突然發

現欅樹上的樹洞，便縱身一躍，跳了進去。

⑧ 躺在樹洞裡的格列克和儂儂看到突然闖入的野鼠，嚇了一大跳，立刻退到樹洞的角落，齜牙咧嘴地準備應戰。野鼠發現樹洞已經被人搶先佔領了，轉身想要逃走，但隨即發現對手的體型比自己小，便露出長牙齒，一步一步向他們逼近。

格列克和儂儂在樹洞角落擺好戰鬥姿勢，準備隨時反擊野鼠的攻擊。只見野鼠張開嘴巴，向格列克撲來。格列克避開野鼠的牙齒，反咬了他的肩膀一口。他們立刻倒在地上，在空間很小的樹洞內翻滾著。

⑨ 但這場打鬥很快就落幕了。當野鼠壓在格列克身上時，儂儂用力咬了一口野鼠的前腿。野鼠慘叫一聲跳了起來，衝出洞外。格列克和儂儂來到樹洞口，看著野鼠懊惱地在欅樹前徘徊。雨又大了起來，格列克和儂儂瞪著野鼠，露出絕對不會讓他再進樹洞的表情。

⑩ 他們繼續瞪著野鼠。這時，不知從哪飛來一隻貓頭鷹，用爪子抓住野鼠後，飛到了樹上。

山上的奮戰　　文／齋藤惇夫

閱讀闖關 QAtime!

閱讀完上面的文章，
請回答以下五個題目，
看看你的檢索擷取能力有多高？

Q1 找一找「他們出發時還可以看見北方那片雄偉的山」。句中的「他們」，分別叫什麼名字？

A：

Q2 找一找哪三個理由，讓儂儂他們提前離開海岸，進入山巒？

A：

**Q3 找一找當儂儂他們進入深山後，看到哪些景象？（舉兩項說明）

A：

Q4 找一找闖入欅樹樹洞的入侵者是哪一種動物？

＊Q5 找一找入侵者最後的遭遇是什麼？

A：

QA解答大公開

回答完前面的五個問題後，請參考下列的「答案核心」，
檢查自己的答案是否能掌握答案核心所列舉的重點。
其次參考「參考答案」觀摩其他同學的答案，並進一步反思如何修正自己的答案。
容易誤答的題目，我們也準備了「達人閱讀秘笈」，只要跟著達人的方法，
再重新思考一次，就能快速掌握核心概念，幫助你增強閱讀功力喔！

Q1 找一找「他們出發時還可以看見北方那片雄偉的山」。句中的「他們」，分別叫什麼名字？

答案核心：格列克、儂儂。

Q2 找一找哪三個理由，讓儂儂他們提前離開海岸，進入山巒？

答案核心：沙灘不好走路、較容易找到食物、擔心下雨時找不到避雨的地方。

＊＊Q3 找一找當儂儂他們進入深山後，看到哪些景象？（舉兩項說明）

答案核心：
● 清爽或開闊、冷清。
● 樹葉快掉光、樹葉褐色。
● 周圍的山越來越高。
● 樹上找不到果實。

Q4 找一找闖入櫸樹樹洞的入侵者是哪一種動物？

答案核心：野鼠。

＊Q5 找一找入侵者最後的遭遇是什麼？

答案核心：被貓頭鷹抓走了。
參考答案：被貓頭鷹抓走了、成為貓頭鷹食物。
錯誤答案：前腿被咬，趕出洞外。

達人閱讀秘笈

Q5 這一個挑戰題，如果你沒有找到答案核心，請注意再讀一次最後一段，就會有大發現喔！

阿民的英文學習計畫

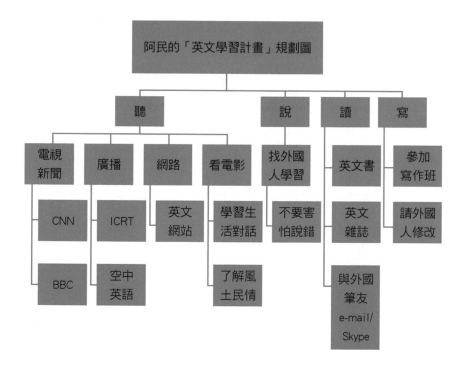

阿民的「英文學習計畫」規劃圖

- 聽
  - 電視新聞
    - CNN
    - BBC
  - 廣播
    - ICRT
    - 空中英語
  - 網路
    - 英文網站
  - 看電影
    - 學習生活對話
    - 了解風土民情
- 說
  - 找外國人學習
  - 不要害怕說錯
- 讀
  - 英文書
  - 英文雜誌
  - 與外國筆友 e-mail/Skype
- 寫
  - 參加寫作班
  - 請外國人修改

Q1 找一找阿民準備加強英文的哪四種能力？

A：

Q2 找一找阿民想收聽哪些廣播節目，加強美語的聽力？

A：

Q3 找一找在阿民提升閱讀能力的方法中，哪些方法具有互動學習的效果？

A：

Q4 找一找阿民認為提升英語口說能力，最重要的心理建設是什麼？

A：

＊＊Q5 阿民想藉由四種方法提升英語聽力，但是其中有一種只籠統說明訊息來源，有一種只說明學習的好處，找一找這兩種學習方法的名稱是什麼？

A：

只籠統說明訊息來源 _____

只說明學習好處 _____

QA 解答大公開

回答完前面的五個問題後，請參考下列的「答案核心」，
檢查自己的答案是否能掌握答案核心所列舉的重點。
其次參考「參考答案」觀摩其他同學的答案，並進一步反思如何修正自己的答案。
容易誤答的題目，我們也準備了「達人閱讀秘笈」，只要跟著達人的方法，
再重新思考一次，就能快速掌握核心概念，幫助你增強閱讀功力喔！

Q1 找一找阿民準備加強英文的哪四種能力？
答案核心：聽、說、讀、寫。

Q2 找一找阿民想收聽哪些廣播節目，加強美語的聽力？
答案核心：空中英語、ＩＣＲＴ。

Q3 找一找在阿民提升閱讀能力的方法中，哪些方法具有互動學習的效果？
答案核心：與外國筆友 e-mail 或 Skype。

Q4 找一找阿民認為提升英語口說能力，最重要的心理建設是什麼？
答案核心：不要害怕說錯。

QA解答大公開

** Q5 阿民想藉由四種方法提升英語聽力,但是其中有一種只籠統說明訊息來源,有一種只說明學習的好處,找一找這兩種學習方法的名稱是什麼?

答案核心:

只籠統說明訊息來源:網路。

只說明學習好處:看電影。

錯誤答案:

只籠統說明訊息來源:電視新聞、多媒體(學習途徑不對)。

只說明學習好處:培養英語能力、學習生活對話、了解風土民情(不屬於學習途徑)。

達人閱讀秘笈

Q5 這一個挑戰題並不容易回答喔，最容易誤答的狀況有兩種：
第一類、分不清第二層學習方法與第三層學習內容的區別。
第二類、分不清學習方法的內容有什麼不同。
你可以透過以下的幾個問題點，逐步找出問題的答案，釐清困難。

1 誤答的第一類是分不清概念圖第二層內容與第三層內容的區別。

（1）先看「聽」的第二層，它的內容是什麼？→電視新聞、廣播、網路、看電影。
（2）這四個內容主要在說什麼？→提升聽力的學習方法（同學答案可能很多，需逐步釐清，才能到達此答案）
（3）所以題目問什麼？→學習方法。

困難釐清 可不可寫這四種以外的答案？→不可以（對誤答「學習生活對話、了解風土民情」的釐清）。

2 誤答的第二類是分不清學習方法的內容有什麼不同。
（1）阿民加強聽力要用哪些學習方法？→電視新聞、廣播、網路、看電影。
（2）聽電視新聞，他準備聽什麼節目？→ＣＮＮ、ＢＢＣ。
（3）聽廣播，他準備聽什麼節目？→空中英語、ＩＣＲＴ。
（4）使用網路，他準備聽哪些節目？→好像沒有具體說出來。
（5）那麼他寫的內容在說什麼？→好像只說出籠統的來源。
（同學答案可能很多，需逐步釐清，才能到達此答案）

困難釐清 所以哪一項只籠統說明訊息來源？→網站。

（1）那看電影呢？→好像也沒有具體的節目。
（2）那麼他寫的內容在說什麼？→好像是看電影可以學到什麼。

困難釐清 所以哪一項只說明學習的好處？→看電影。

3 學習的真諦

文／殷允芃

原文收錄於《閱遊，我喜歡閱遊，和我自己》
本文改寫自《晨讀10分鐘－放眼天下勵志文選》，二〇一一年七月天下雜誌出版

　　日本松下的創辦人松下幸之助，被稱為「經營之神」，他在過世前開創了松下政經塾，希望培養下一代的政經領袖。負責學生教育工作的塾頭古山先生說：「他們挑選有潛力的未來領袖，會先觀察三點：第一點能自修自得：亦即無論何時何地都能夠找到值得學習的課題，並獲得啟發。第二點是運勢不佳時的心態：亦即面對挫折，能以積極的態度，解決問題。第三點則是保有素直的心：能以誠懇、純真的心面對自己、對待別人，認清現實的真相，不讓個人情緒矇蔽理智。松下政經塾挑選的人才必須在以上條件都備齊後，才會開始審視他們的專業能力、獨立思考以及意志力等其他長才。」他的話證明了，具備競爭力的關鍵，不在於天資聰穎，而在於認真學習以及正確的態度。

學習的真諦　　文／殷允芃

閱讀闖關 QAtime!

閱讀完上面的文章，
請回答以下五個題目，
看看你的檢索擷取能力有多高？

Q1 找一找「松下政經塾」的創辦人是誰？

A：

Q2 找一找「松下政經塾」創設的目的是什麼？

A：

Q3 找一找「松下政經塾」挑選人才，最重視哪三種特質？

A：

＊＊Q4 找一找具備「素直之心」的人，在待人、處事上，具有哪兩種特質？

A：

待人 _____

處事 _____

Q5 找一找作者利用「松下政經塾」的例子，證明了什麼？

A：

Q_A解答大公開

回答完前面的五個問題後，請參考下列的「答案核心」，
檢查自己的答案是否能掌握答案核心所列舉的重點。
其次參考「參考答案」觀摩其他同學的答案，並進一步反思如何修正自己的答案。
容易誤答的題目，我們也準備了「達人閱讀秘笈」，只要跟著達人的方法，
再重新思考一次，就能快速掌握核心概念，幫助你增強閱讀功力喔！

Q1 找一找「松下政經塾」的創辦人是誰？

答案核心：松下幸之助。

Q2 找一找「松下政經塾」創設的目的是什麼？

答案核心：培養下一代的領袖。

Q3 找一找「松下政經塾」挑選人才，最重視哪三種特質？

答案核心：能自修自得、運勢不佳時的積極態度、保有素質的心。

＊Q4 找一找具備「素直之心」的人，在待人、處事上，具有哪兩種特質？

答案核心：
待人：誠懇純真。
處事：不讓情緒影響理智。

參考答案：
待人：誠懇、誠懇純真。
處事：認清真相，不讓情緒矇蔽理智。

錯誤答案：
待人：誠懇又虛假。
處事：誠懇純真（誤答多）。

Q5 找一找作者利用「松下政經塾」的例子，證明了什麼？

答案核心：競爭力的關鍵是：不在於天資聰穎，而在於認真學習及正確的態度。

達人閱讀秘笈

Q4 這一題也是很容易誤答的題目，如果你也沒有找出答案核心，你可以跟著以下的步驟，重新再讀一次喔！

1 重讀相關句子。

能以誠懇、純真的心面對自己、對待別人 ⌐，⌐ 認清現實的真相，不讓個人情緒矇蔽理智。

2 將 ⌐，⌐ 改為 ⌐；⌐
3 想一想，認清事實真相是對人或對事？

困難釐清 處事是認清現實的真相，不讓個人情緒矇蔽理智。

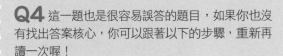

哈佛中輟生的遺憾

文／比爾蓋茲

原文出自《天下雜誌》第三七五期／宋東翻譯整理
本文節錄自《晨讀 10 分鐘－放眼天下勵志文選》，二○一一年七月天下雜誌出版

① 我在哈佛的日子，學到了最新的政經理念、科學發明，但人類最偉大的進步，不在發現這些理念、發明，而在運用這些新發現去減少人與人之間的不平等。無論是透過民主、公共教育、醫療體系，或提供經濟發展的機會，人類最高的成就應該是消弭彼此間的不平等。

② 今天世界上還有數百萬兒童，每天死於我們以為已經從地球上消失的疫病：麻疹、肺結核、B 型肝炎、黃熱症、瘧疾等，還有一種從沒聽過的傳染病：輪狀病毒兒童急性腹瀉，它每年讓五十萬兒童受感染死亡。更嚇人的是，這些每年危害數百萬兒童的傳染病，儘管救命的疫苗，每劑才花不到一美元，但就是沒人給他們施打。

③ 人命的價值本該相同，但現實是：某些人的命比別人更不值錢。因為市場認為救這些孩子沒有價值。而這些孩子的父母在市場經濟中沒有決定權，在體系裡也是沒有聲音的一群。

④ 我們可以推動更有創意的資本主義體系，讓窮人也受照顧，應開放市場力量，讓大家都可以賺到一些利潤、過上日子，不平等自然就會改善。也該對各國政府施壓，要求提供納稅人更好的服務。我們應該設計既可賺取利潤、又可贏得選票的機制，來解決貧窮的問題，並提出消弭不平等的永續機制。

⑤ 我很樂觀，但也有人認為希望渺茫，因為「不平等自古以來就存在，往後也是，大家根本不關心這個問題。」我完全不同意這種說法。我認為人類是很關懷彼此的。以往我們也許對身邊的人所遭遇的慘事不聞不問，那是因為我們不知道自己能做什麼，而不是不關心。若是知道能做什麼，大家一定會行動的。

⑥ 化繁為簡的行動步驟有四：決定目標、找出最有效的槓桿點、選擇理想的科技工具，同時聰明地運用手邊已有的工具。

愛滋病防治就是好例子。我們的終極目標是終結愛滋，但最有效的槓桿點是從預防著手，理想的科技工具是只注射一次就終身免疫的疫苗，因此政府、藥廠、基金會都贊助疫苗研究。但這需要好幾十年，所以我們只好趕緊運用手上現有的工具：大量宣導人們避免從事高危險的行為。

⑦ 最後一個步驟就是評估我們行動的效果，並分享成功、失敗的經驗。記得必須要有統計數字，告訴別人你給幾百萬兒童施打了疫苗後，減少疫病的死亡率多少。除了對行動計劃的改善有幫助，也會吸引更多企業、政府的贊助。

⑧ 數字之外，還要講述對人的真實影響，讓贊助者了解我們的行動除了救命之外，對家庭、社會的影響。因為你若不能讓大家看到、感覺到這個行動的效果、影響層面，就很難感動人。感動人是個很困難的工作，但我還是很樂觀。

⑨ 的確，不平等是個普世的困境，但我們身邊也有很多有用的新工具，讓我們的關懷不被浪費。生物科技、電腦、網際網路上不斷的創新，已經改寫了我們的新世紀，讓我們更有能力解決赤貧、疫病的世紀難題。

Q1 找一找人類應該利用哪「四個途徑」，弭平人與人之間的不平等？

A：

Q2 找一找「世界上有數百萬兒童死於痲疹、肺結核等疾病，而這些疾病的預防往往只須付出極小的代價」。句中的「極小的代價」是指什麼？

A：

＊**Q3** 根據段落 ⑤，找一找對於「貧病問題」，世人常見的態度有哪兩種？

A：

Q4 在下列行動步驟中，找一找關懷「愛滋病」的具體方法是什麼？

A： 決定目標 _____

_____

最有效的槓桿點 _____

_____

理想的工具 _____

_____

運用已有的工具 _____

_____

*Q5 在評估效果、分享經驗時，找一找應該注意使用哪「兩種說明」，才能吸引更多人參與？

A：

QA解答大公開

回答完前面的五個問題後，請參考下列的「答案核心」，
檢查自己的答案是否能掌握答案核心所列舉的重點。
其次參考「參考答案」觀摩其他同學的答案，並進一步反思如何修正自己的答案。
容易誤答的題目，我們也準備了「達人閱讀秘笈」，只要跟著達人的方法，
再重新思考一次，就能快速掌握核心概念，幫助你增強閱讀功力喔！

Q1 找一找人類應該利用哪「四個途徑」，弭平人與人之間的不平等？

答案核心：民主、公共教育、醫療體系、提供經濟發展機會。

Q2 找一找「世界上有數百萬兒童死於痲疹、肺結核等疾病，而這些疾病的預防往往只須付出極小的代價」。句中的「極小的代價」是指什麼？

答案核心：不到一美元的疫苗。

參考答案：非常少的錢、不到一美元。

Q3 根據段落 ⑤，找一找對於「貧病問題」，世人常見的態度有哪兩種？

答案核心：
● 不關心。
● 關心（但不知如何做）。

參考答案：
● 漠不關心，對身邊的人不聞不問，認為不值得救這些人。
● 對遭遇的慘事不聞不問是因為不知道能做什麼。
● 關心但不知道能做什麼所以顯得不關心。

錯誤答案：
● 大家以為那些疾病已經消失了。
● 知道自己能做什麼。

達人閱讀秘笈

Q3 這一個挑戰題，如果沒有答出答案核心，可能是你對文意的理解不夠。你可以再根據以下的幾個問題，深入思考一下，會幫助你更清楚的理解喔！

1 對貧病問題作者的態度是什麼？
□大家會關心　□大家不會關心

2 對貧病問題另一類人的態度是什麼？
□大家會關心　□大家不會關心

3 從文章中找出證據。
作者：我認為人類是很關懷彼此的。以往我們也說對身邊的人所遭遇的慘事不聞不問，那是因為我們不知道自己能做什麼，<u>而不是不關心</u>
另一類人：大家根本不關心這個問題。

困難釐清 所以貧病問題的兩種態度是關心與不關心

Q4 在下列行動步驟中，找一找關懷「愛滋病」的具體方法是什麼？

答案核心：

決定目標：終結愛滋。

最有效的槓桿點：從預防著手。

理想的工具：只注射一次就終身免疫的疫苗。

運用已有的工具：大量宣導人們避免從事高危險的行為。

Q5 在評估效果、分享經驗時，找一找應該注意使用哪「兩種說明」，才能吸引更多人參與？

答案核心：● 說明統計數字。　　● 說明行動造成的影響。

參考答案：
● 用數字統計證明行動效果。
● 還要講述對人的真實影響，讓贊助者了解我們的行動除了救命之外，對家庭、社會的影響。

錯誤答案：
● 分享成功失敗的經驗（重點是統計數字）。
● 親身體驗弱勢的痛苦。

達人閱讀秘笈

Q5 這一個挑戰題，如果你沒有找到答案核心，可以根據以下的幾個步驟，再讀一遍，這會幫助你更清楚的理解喔！

1 重讀相關段落→段落 ⑦、段落 ⑧。
2 畫下關鍵句。
3 圈出關鍵詞。

最後一個步驟就是評估我們行動的效果，並分享成功、失敗的經驗。記得必須要有統計數字，告訴別人你給幾百萬兒童施打了疫苗後，減少疫病的死亡率多少。除了對行動計劃的改善有幫助，也會吸引更多企業、政府的贊助。

數字之外，還要講述對人的真實影響，讓贊助者了解我們的行動除了救命之外，對家庭、社會的影響。

困難釐清 統計數字和講述對人的影響是評估效果、分享經驗時，獲得別人參與的方法。

5. 中央車站

文／黃英雄

本文節錄自《編劇高手》，二〇〇三年十月書林出版

第 X 幕

景：（巴西）中央車站一角

時：日

人：婦人、老人、安娜、約書亞、朵拉

△鏡頭出現一名肥胖女人傷心地告白。

婦人：親愛的，我的心只屬於你，我不在乎你的過去，我愛你，我愛
　　　你，你在牢裡的日子，我會在外面等候著你。

△鏡頭轉至車站內人來人往的乘客。

△鏡頭再度回到一名戴絨帽的黑瘦老人，老人的表情是在痛苦洗鍊之
　後迸發出的一種戲謔。

老人：我想寫信給一個騙我的人。

　　　索賽馬，多謝你這樣對我，我相信你，你卻騙我，還拿走我公
　　　寓的鑰匙。

△鏡頭轉向車站大廳的遠景，旅客人潮愈來愈多，但誰也不想知道誰
　會去那裡。

△鏡頭轉回安娜帶著九歲的約書亞來託人寫信。

安娜：認識你是我最大的不幸。

△鏡頭一隻握著原子筆的手快速地寫著。

安娜：是約書亞要我寫信給你的，我說你游手好閒，但是他還想見你。

△鏡頭朵拉隔著老花眼鏡，一邊寫一邊打量著安娜，她的表情是有點好奇，卻是見怪不怪的老練與世故。約書亞帶著一種稚氣無邪的表情，但因寫信的願望達成而有種天真的喜悅，手中把玩的陀螺調皮地在朵拉的桌邊上劃過。

△鏡頭遠方旅客們匆忙的腳步走過寬大但依然擁擠的地下道。

△鏡頭轉回朵拉，信似乎是寫完了，她露出一付職業的淺笑。

朵拉：地址呢？

安娜：耶穌·狄派瓦，佩卓市佛塔村，具南布哥州，北邦吉蘇。

△鏡頭朵拉飛快地抄上，約書亞望著朵拉，滿意的神情。

朵拉：下一位！

△鏡頭安娜站起來，約書亞拉著媽媽的手離去。

△鏡頭朵拉不知想到了什麼，望著這對母子離去。

Q1 找一找朵拉在何處幫人寫信？

A：

Q2 找一找文中有哪些人，請求朵拉協助寫信？

A：

Q3 找一找索賽馬對老人做了哪二件事？

A：

Q4 找一找約書亞想寫信給哪個人（說出姓名）？

A：

＊Q5 找一找這一幕劇中哪個人是主角？作者用哪個鏡頭為主角與約書亞未來的關係留下伏筆？

A：

主角是 _____

伏筆鏡頭 _____

QA解答大公開

回答完前面的五個問題後，請參考下列的「答案核心」，
檢查自己的答案是否能掌握答案核心所列舉的重點。
其次參考「參考答案」觀摩其他同學的答案，並進一步反思如何修正自己的答案。
容易誤答的題目，我們也準備了「達人閱讀秘笈」，只要跟著達人的方法，
再重新思考一次，就能快速掌握核心概念，幫助你增強閱讀功力喔！

Q1 找一找朵拉在何處幫人寫信？

答案核心：車站。

參考答案：巴西中央車站、中央車站、車站、車站大廳。

Q2 找一找文中有哪些人，請求朵拉協助寫信？

答案核心：婦人、老人、安娜。

參考答案：婦人、黑瘦老人（老人）、安娜。

錯誤答案：約書亞。

Q3 找一找索賽馬對老人做了哪二件事？

答案核心：騙他、偷走公寓的鑰匙。

參考答案：欺騙他（騙他）、偷走公寓的
鑰匙（偷走他的公寓的鑰）。

Q4 找一找約書亞想寫信給哪個人（說出姓名）？

答案核心：耶穌‧狄派瓦。

參考答案：耶穌‧狄派瓦。

錯誤答案：父親、爸爸、老人（因為沒有說出姓名）。

達人閱讀秘笈

如果在回答 **Q2** 這一題遭遇困難時，你可以跟著
以下的步驟，再來找一找答案核心在哪裡！

1 重讀相關句子。
（1）鏡頭轉回安娜帶著九歲的約書亞來託人寫信。
（2）是約書亞要我寫信給你的。
2「約書亞要我寫信給你的」的涵義為：「因為約書
亞要安娜寫信給耶穌‧狄派瓦（約書亞父親），所
以**安娜**請**朵拉**協助寫這封信」

困難釐清 請朵拉寫信的是安娜。

Q5 找一找這一幕劇中哪個人是主角？作者用哪個鏡頭為主角與約書亞未來的關係留下伏筆？

答案核心：

主角是：朵拉。

伏筆鏡頭：朵拉望著這對母子離去。

參考答案：

主角是：朵拉。

伏筆鏡頭：●朵拉不知想到什麼，望著這對母子離去。

　　　　　●朵拉望著這對母子離去。

錯誤答案：

主角是：老人。

伏筆鏡頭：約書亞望著朵拉，滿意的神情。

達人閱讀秘笈

如果在回答 **Q5** 這一題遭遇困難時，你可以跟著以下的步驟，再來找一找答案核心在哪裡喔！

1 誰是主角？→朵拉。

2 為什麼朵拉是主角？→她出現次數最多。

3 「約書亞帶著一種稚氣無邪的表情，但因寫信的願望達成而有種天真的喜悅，手中把玩的陀螺調皮地在朵拉的桌邊上劃過。」這段文句的目的是什麼？→告訴我們約書亞的表情及原因。

4 既然有清楚的因果關係，會不會是伏筆？→不會。

5 伏筆是什麼？→就是先留一個暗示，以後才會恍然大悟。

6 所以伏筆一定不能說出因果關係？為什麼？→如果已經告訴你因為、所以的結果，就不可能是伏筆了。

困難釐清 所以約書亞的表情不是伏筆。

7 伏筆在哪裡？→就是還沒有說出答案的。

困難釐清 鏡頭朵拉不知想到了什麼，望著這對母子離去。

Part / 2
統整解釋大挑戰

閱讀訓練的第二招,就是能夠在文章裡統整出最主要的重點,並且對重點的相關內容,進行表層訊息的解釋或深層涵義的分析。這些能力我們在題幹會特別用**「說出主要的」**、**「為什麼」**、**「想一想」**做為提醒。其中**「說出主要的」**是統整的能力,**「為什麼」**是解釋表層訊息的能力,**「想一想」**是分析深層涵義的能力。

在這一個單元裡,總共有五篇不同類型的文章,請您先從第一篇讀起,記得運用我們在第一章學過的**檢索擷取**技巧讀過一遍。接著,找全文主題(**題目是最好的參考**),再統整文本的重點;接著根據重點,尋找相關內容,再解釋作者如何描述這些重點。如何描述往往就包含了**比較異同、排列順序、解釋概念、詮釋詞句**的技巧。最後想一想如何分析寫作技巧或隱藏的涵義。

自己完成上述兩階段的思考,再回答**「閱讀闖關 Q A Time」**的五個問題,試試你的統整解釋指數有多高喔!

註:問題前面如果有 * 的符號,表示它是較難的試題,* 愈多表示問題愈難。

文章 ① 圖表類閱讀：家庭電費支出紀錄表

文章 ② 知識類閱讀：也是城鄉差距　　　　　　　　　文／曾志朗

文章 ③ 文學類閱讀：少年 PI 的創作　　　　　　　　文／楊・馬泰爾

文章 ④ 文學類閱讀：夜夢殺人　　　　　　　　　　　文／黃英雄

文章 ⑤ 知識類閱讀：詩人英雄　　　　　　　　　　　文／卡來爾

家庭電費支出紀錄表

此表為王先生近三年來家庭電費支出的紀錄表。

年份／月份	1-2 月	3-4 月	5-6 月	7-8 月	9-10 月	11-12 月
2010	791	928	912	1120	987	976
2011	733	734	765	944	889	824
2012	700	845	726	897	856	798

閱讀闖關 QAtime!

Q1 練習以長條圖，畫出 2011 年各月份的電費支出圖。

A：

Q2 練習以折線圖，畫出 2010 各月份的電費支出圖。

A：

Q3 解釋哪一年「全年的電費支出」金額最高？

A：

Q4 觀察上表的電費數字，說出 2010 年到 2012 年，電費支出的主要趨勢是什麼？

A：電費呈現 _____ 的趨勢

Q5 根據第四題的趨勢，想一想它的原因，可能是什麼？

A：

QA解答大公開

回答完前面的五個問題後,請參考下列的「答案核心」,
檢查自己的答案是否能掌握答案核心所列舉的重點。
其次參考「參考答案」觀摩其他同學的答案,並進一步反思如何修正自己的答案。
容易誤答的題目,我們也準備了「達人閱讀秘笈」,只要跟著達人的方法,
再重新思考一次,就能快速掌握核心概念,幫助你增強閱讀功力喔!

Q1 練習以長條圖,畫出 2011 年各月份的電費支出圖。(為什麼—詮釋圖文)

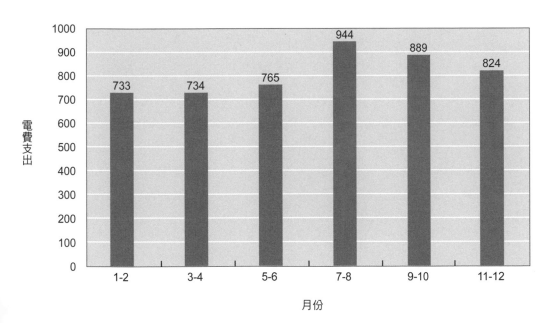

2011 年各月份的電費支出圖

Q2 練習以折線圖，畫出 2010 各月份的電費支出圖。（為什麼—詮釋圖文）

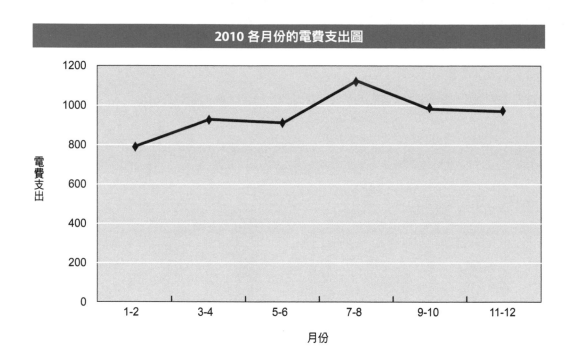

2010 各月份的電費支出圖

電費支出（縱軸）：0, 200, 400, 600, 800, 1000, 1200

月份（橫軸）：1-2, 3-4, 5-6, 7-8, 9-10, 11-12

Q3 解釋哪一年「全年的電費支出」金額最高？（為什麼—解釋概念）

答案核心：2010。

Q4 觀察上表的電費數字，說出 2010 年到 2012 年，電費支出的主要趨勢是什麼？（說出主要的）

答案核心：逐年下降的趨勢。

參考答案：下降、減少。

Q5 根據第四題的趨勢，想一想它的原因，可能是什麼？（想一想—分析隱藏涵義）

答案核心：進行節約用電計畫。

參考答案：

● 對節能減碳有實際行動。

● 經濟不景氣，節省用電。

也是城鄉差距

文／曾志朗

原文出自《人人都是科學人》，二○○四年九月遠流出版
本文節錄自《晨讀 10 分鐘─中學生論情說理說明文選》，二○一二年八月天下雜誌出版

①「如果你有一棵小樹苗，希望它長得又快又大，你應該把它種在城市裡，還是種在鄉下？」

②我拿這個問題在校園裡問學生、問老師，在路邊問小攤販，在車站裡問乘客，也問開車的司機，更問了玻璃窗後的售票員。我逛到市場裡問賣菜的、問賣肉的，也問搬運貨物的工人，我逢人必問，在熙攘的人群中，也在遊人稀疏的河堤旁。最後，我問到研究植物的教授與研究生們，他們以為我在開玩笑，但仍然很客氣地說：「那還用問嗎？」

③顯然的，我是問了一個笨問題，幾乎所有的答案都說：「當然種在鄉下！」因為空氣清新、陽光充足？只有一位小學生以腦筋急轉彎的方式回答我：「種在城市裡。因為鄉下樹太多，沒有人會注意到它！」

④我非常不滿意上面那個似乎是大家都同意的答案，因為與我個人的經驗不吻合。十幾年前，中正大學在嘉義民雄的鄉間成立，我們在校園裡種了上萬棵樹，幾乎在同時，臺北的大安森林公園也種了數以千計的樹。那些年我在中正大學教書，偶爾回到臺北開會，總是感覺大安公園裡的樹好像長得快一點，也大一些。雖然我也深切知道個人這個城鄉落差的印象並不一定可靠，但多年來這個感覺一直揮之不去。最近一次來回臺北、民雄兩地，疑慮越加深刻了，遂一不做二

不休，決定自己做個實驗找出答案，解決這個長年干擾我的疑惑。

⑤ 我才開始做文獻的搜尋工作，就馬上發現一群在美國俄勒岡州的研究者竟然也關心同樣的問題，而且早已進行了多年的實驗工作。這一群研究者是怎麼做的？他們選擇北美常見的三角葉楊做為實驗的對象，為了達到「起始點的平等」，先以基因工程技術，複製許多基因完全相同的種子，培育出小樹苗，並從同一地點挖出了泥土，分裝到一堆大小相同、形狀也一模一樣的桶子裡，最後將相同基因的小樹苗種在桶子裡，一半放在城裡（紐約市）的商業廣場的角落裡，另一半就散布在幾個鄉下（紐約州的小鎮）同類商業廣場的相同地點。除了空氣之外，盡量使城市和鄉間的生長條件一律平等。每天的澆水量也嚴格控制，並登記風吹、雨打、日曬的時間與數量。在七月種下，九月檢驗成長的情形，連續三年的觀察後，研究者發現城裡的樹確實長得較快、較大，葉子也較繁茂，相差將近一倍。但為什麼呢？！

⑥ 他們仔細分析可能影響生長的各項條件，水量、土壤、品種、病蟲害等都盡量被控制住了，兩邊確實沒有顯著的差異，唯一沒能被控制住的就是空氣的品質，但比對三年來兩地空氣中的十八種污染源，唯一產生顯著差異的只有一種，就是鄉間的臭氧比城裡高了許多（28ppb:16ppb）。臭氧對於植物的生長具有抑制作用，這在後來的實驗中也一再被證實了，原來城裡的臭氧被其他的污染質給沖淡了，長在城裡的樹木，因減少臭氧的抑制，也長得更高大了。

⑦ 所以生命的現象真的很詭異，尤其現代科技急速進展，使生活環境變得更錯綜複雜，表面的知識常常不很準確，因此，我們對生命的詮釋要更加小心。科學是黑暗裡的一盞明燈，引導我們緩緩前行，唯有科學才能幫我們了解生命，保護生命，進而設計美好的生命！

*Q1 說出本文主要的觀點。

A： 利用科學發現真相，才能（＿＿＿＿＿＿＿＿＿＿＿＿＿＿）。

Q2 作者為什麼對「小樹苗應該種在鄉下才能長得又快又大」的答案，
提出質疑？

A：

Q3 根據上文，排列下表有關「三角葉楊實驗項目」的先後順序。

A： ☐ 小樹苗種在桶子

☐ 複製基因相同的種子

☐ 培育小樹苗

☐ 桶子放在商業廣場

Q4 根據下表，利用段落 ⑥ 的五個研究項目，解釋「三角葉楊」生長條件的異同。

A：

項目 地點	水量	土壤	品種	病害	臭氧（空氣品質）
城市					
鄉村					

Q5 解釋「三角葉楊」實驗的研究結論是什麼？

A：

因為：_____

_____

所以：_____

_____

QA解答大公開

回答完前面的五個問題後，請參考下列的「答案核心」，
檢查自己的答案是否能掌握答案核心所列舉的重點。
其次參考「參考答案」觀摩其他同學的答案，並進一步反思如何修正自己的答案。
容易誤答的題目，我們也準備了「達人閱讀秘笈」，只要跟著達人的方法，
再重新思考一次，就能快速掌握核心概念，幫助你增強閱讀功力喔！

Q1 說出本文主要的觀點。(說出主要的)
答案核心：了解生命，保護生命，幫助生命更美好。
參考答案：了解生命或保護生命。
錯誤答案：了解變因、找出真正原因、客觀正確。

達人閱讀秘笈

Q1 這一個挑戰題，如果你沒有答對答案核心，很有可能是因為不了解例子與結論的關係喔！
你可以透過以下的幾個問題點，逐步找出問題的答案，釐清困難。

1 作者的主要問題是什麼？→小樹在城市或鄉下長得較快。

2 一般人的答案？→鄉下長得快。

3 作者為什麼對一般人的答案產生懷疑？→經驗中臺北小樹比鄉下的小樹長得快。

4 作者找到哪個實驗證明他的懷疑？→「三角葉楊實驗」。

5 作者證明小樹在城市或鄉下長得較快？→城市。

6 作者的疑惑解決了嗎？→解決了。

7 為什麼作者還要寫段落 ⑦？→說明他從這個事件的體悟。

8 他的體悟是什麼？
   →科學幫助我們發現的真相，使我們能了解生命，保護生命，幫助生命更美好。

10 科學幫助我們發現的真相是什麼？→城市的小樹長得快。

11 知道「城市小樹長得快」的真相後，我們種樹時會怎麼做，才能幫它長得快？
   →種在城市。

12 有沒有更精確的答案？→臭氧比較少的地方。臭氧會妨礙小樹生長，小樹避開臭氧，才能長得
   更快。

困難釐清 科學發現真相後，幫助小樹長得更快，這就是「了解生命，保護生命，幫助生命更美好」。

Q2 作者為什麼對「小樹苗應該種在鄉下才能長得又快又大」的答案，提出質疑？（為什麼─解釋原因）

答案核心：與個人經驗不吻合。

Q3 根據上文，排列下表有關「三角葉楊實驗項目」的先後順序。（為什麼─排列順序）

③小樹苗種在桶子
①複製基因相同的種子
②培育小樹苗
④桶子放在商業廣場

Q4 根據下表，利用段落 ⑥ 的五個研究項目，解釋「三角葉楊」生長條件的異同。（為什麼─比較異同）

答案核心：

項目	水量	土壤	品種	病蟲害	臭氧（空氣品質）
城市	相同	相同	相同	相同	相異
鄉村	相同	相同	相同	相同	相異

Q5 解釋「三角葉楊」實驗的研究結論是什麼？（為什麼─解釋概念）

答案核心：
因為：鄉間臭氧多（濃度高）。　　所以：樹長得慢。
　　　城市臭氧少（濃度低）。　　　　　樹長得快。

少年 PI 的創作

文／楊・馬泰爾

本文節錄自《少年 PI 的奇幻漂流》，二〇一二年十一月皇冠出版

① 第二次到印度我就知道會碰上什麼狀況，也知道自己想要什麼了：我要找個山區驛站住下來寫小說。我想像自己坐在大走廊上，面前擺著餐桌，桌上有杯冒著蒸氣的熱茶，旁邊散佈著我的筆記。我的腳下是山嵐裊繞的翠綠山崗，耳邊聽見的是尖銳的猿啼。氣溫適中，早晚加件薄毛衣，白天一件短袖就足夠。萬事俱備之後，一筆在手，為了讓真相更偉大，我會把葡萄牙變成一本小說。畢竟小說也就是選擇性的寫實嘛，把現實給稍稍扭曲一下，為的是把精髓給呈現出來。誰說非得親自跑一趟葡萄牙不可呢？

② 驛站的老闆娘會跟我述說印度人驅逐英國勢力的辛苦抗爭，我們會敲定隔天午餐晚餐的菜單。寫作了一整天之後，我會去山上的茶園安步當車，溜個幾圈。

③ 算盤打得不錯，可惜我的小說點火啟動，喘嗽了幾聲，熄火了。

④ 事情就發生在馬瑟仁（Matheran），距離孟買不遠，確是山上的小驛站沒錯，也有猴子，不過少了茶園。這樣的打擊對任何一個文壇的明日之星來說都不啻是青天霹靂。你有了好主題，文字也不壞，

人物角色栩栩如生，幾乎都需要給他們申請出生證明了。你構想的情節也是既宏偉又簡單又緊湊。該做的研究你都做了，資料也蒐集了，歷史的、社會的、氣候的、民生的，舉凡能讓你的故事寫實逼真的各方面資訊都囊括了。人物對話絲絲入扣、高潮迭起，敘述部分則繽紛熱鬧、翔實生動。說真格的，這本書絕對是煌煌巨著。結果到頭來卻是一場空。

⑤ 看起來倒是赫赫揚揚的，前途無量，但私底下你卻會恍然大悟那一直糾纏著你不放的低沉聲音是在告訴你明明白白的事實：行不通。少了什麼要素，少了那簇能給一篇真實故事灌注生命的火花，此事無關歷史的正謬、料理的道地。你的故事沒有感情，癥結就在這裡。跟你說，這種了悟還真能讓人失魂落魄，害你餓得發痛。

⑥ 我把失敗的散稿從馬瑟仁寄了出去，收信地址是虛擬的，在西伯利亞，信封上還寫了回信地址，也是虛擬的，在玻利維亞。等到郵局職員蓋好了郵戳，扔進了分類箱之後，我坐了下來，心情落到谷底。「好吧，托爾斯泰，你還有什麼高明的生涯規劃？」我喃喃自問。

⑦ 我身邊還有一點錢，而且也還是覺得浮躁。我站了起來，走出郵局，去探索印度南部。

Q1 根據段落 ①，解釋作者對「自己在印度寫小說的情景」有哪些想像？

A：

Q2「為了讓真相更偉大，我會把葡萄牙變成一本小說」，這句話是指作者把小說的背景改成哪個地方？

A：

Q3 作者說：「幾乎都需要給他們申請出生證明了」，他們是指哪些人？想一想作者這樣說是想強調「他們」具有哪種特色？

A：

他們是指：

他們的特色：

Q4 下表是「小說要素」的統整。根據段落 ④，填入好小說必須具備的條件？

A：

主題	
角色	
情節	
敘事	
對話	
相關資料	
感情	

Q5 作者說：「可惜我的小說點火啟動，喘嗽了幾聲，熄火了」。根據後文，找一找這篇小說最後的下場是什麼？作者為什麼決定這樣做？

A：

小說的下場：寄到（　　　　　　　　　）的地址

原因：小說因為缺乏（　　　　　　　）所以被作者放棄，但是因為這是他費盡心思完成的，所以他

將這篇小說（　　　　　　　），感覺仍算是投稿。

QA 解答大公開

回答完前面的五個問題後，請參考下列的「答案核心」，
檢查自己的答案是否能掌握答案核心所列舉的重點。
其次參考「參考答案」觀摩其他同學的答案，並進一步反思如何修正自己的答案。
容易誤答的題目，我們也準備了「達人閱讀秘笈」，只要跟著達人的方法，
再重新思考一次，就能快速掌握核心概念，幫助你增強閱讀功力喔！

Q1 根據段落 ①，解釋作者對「自己在印度寫小說的情景」有哪些想像？（為什麼—解釋概念）

答案核心：

我想像自己坐在大走廊上，面前擺著餐桌，桌上有杯冒著蒸氣的熱茶，旁邊散佈著我的筆記。我的腳下是山嵐裊繞的翠綠山崗，耳邊聽見的是尖銳的猿啼。氣溫適中，早晚加件薄毛衣，白天一件短袖就足夠。

參考答案：

用想像筆法先從周遭景物描寫起，山嵐裊繞的翠綠山崗、驛站及大走廊上，接著描述身邊物品，面前擺著餐桌，桌上有杯冒著蒸氣的熱茶，旁邊散佈著我的筆記，宜人氣候加上猿啼，交織成一幅寧靜祥和又靈動的畫面。

達人閱讀秘笈

Q1 這一個挑戰題如果你沒有答對答案核心，很有可能是因為不了解「在印度寫小說的情景」到底是什麼？你可以透過以下的幾個問題點，逐步找出問題的答案，釐清困難。

1 「我想像自己坐在大走廊上，面前擺著餐桌，桌上有杯冒著蒸氣的熱茶，旁邊散佈著我的筆記。我的腳下是山嵐裊繞的翠綠山崗，耳邊聽見的是尖銳的猿啼。氣溫適中，早晚加件薄毛衣，白天一件短袖就足夠」這一段文字主要在說什麼？→想像自己在印度山區驛站（民宿或小旅店）的生活。

2 作者為什麼住在印度的山區驛站？→想在那裡寫小說。

3 作者在山區驛站寫小說會有什麼情景？→如想不出來，繼續想下一題。

4 作者在山區驛站，坐在哪裡？面前會有什麼？桌上會有什麼？聽見什麼？穿些什麼？

困難釐清 能說出作者寫小說時的情景。

Q2 「為了讓真相更偉大，我會把葡萄牙變成一本小說」，這句話是指作者把小說的背景改成哪個地方？（為什麼—詮釋句義）

答案核心：葡萄牙。

Q3 作者說：「幾乎都需要給他們申請出生證明了」，他們是指哪些人？想一想作者這樣說是想強調「他們」具有哪種特色？（為什麼—詮釋詞義，想一想—分析隱藏涵義）

答案核心：

他們是指：小說中的人物。

他們的特色：栩栩如生。

參考答案：

他們是指：人物。

他們的特色：● 感覺書中人物真實存在。
　　　　　　● 讓人物逼真寫實。
　　　　　　● 生動貼近生活。

Q4 下表是「小說要素」的統整，根據段落 ④，填入好小說必須具備的條件？（為什麼—解釋概念）

答案核心：

主題	條件
角色	角色栩栩如生
情節	情節宏偉簡單緊湊
敘事	敘事詳實生動繽紛熱鬧
對話	對話絲絲入扣高潮迭起
相關資料	資料蒐集完備
感情	感情真實

參考答案：

主題	條件
角色	角色栩栩如生
情節	情節宏偉簡單緊湊
敘事	敘事詳實生動繽紛熱鬧
對話	對話絲絲入扣高潮迭起
相關資料	蒐集能讓故事逼真的訊息
感情	能給一篇故事灌注生命火花

Q5 作者說：「可惜我的小說點火啟動，喘嗽了幾聲，熄火了」。根據後文，找一找這篇小說最後的下場是什麼？作者為什麼決定這樣做？（找一找，想一想—分析寫作目的）

答案核心：

小說的下場：寄到（**寄到虛擬**）的地址。

原因：小說因為缺乏（**感情**）所以被作者放棄，但是因為這是他費盡心思完成的，所以他將這篇小說（　**寄出去**　），感覺仍算是投稿。

參考答案：

小說的下場：寄到（**錯誤的／不真實的／不存在的**）的地址。

原因：小說因為缺乏（**豐富的感情／真實的感情**）所以被作者放棄，但是因為這是他費盡心思完成的，所以他將這篇小說（**寄去虛擬的地方**），感覺仍算是投稿。

夜夢殺人

文／黃英雄

本文節錄自《編劇高手》，二○○三年十月書林出版

說明：曹操禮聘楊修為主簿，但聽信謠言誤殺了楊修派出去買馬及糧草的孔聞岱，卻惟恐楊修離去，遂編造他有「夜夢殺人」的惡疾，誤殺孔聞岱，因而以相國之尊為其守靈。楊修不信，以先前曹操送他的披風夜半交予曹操之妾，妾怕曹操受寒，遂執披風為守靈打盹的曹操披上。曹操知是楊修試探的詭計，暗示其妾必須死，否則夜夢殺人之謊不攻自破，天下群英必棄他而去。

以下是曹操暗示「其妾必須死，否則夜夢殺人之謊不攻自破，天下群英必棄他而去」的唱詞。

曹操：（唱）馬到臨崖收韁晚，投鼠忌器兩為難！

倩娘：丞相為何如此驚慌？

★曹操：（唱）牽玉手、睹芳容，可憐賢妻懵懂人，我在靈堂方入夢，妳不該把我的好夢驚，我在夢中殺了孔聞岱，文官武將盡知情，倘若容妳安然去，我枉殺無辜擔罪名；不捨賢妻難服眾，欲捨賢妻我怎能？事到此間亂方寸，進退維谷難煞人。

倩娘：（唱）曹丞相握重兵天下縱橫，難道說保一親人都不能？

曹操：（唱）我的賢妻呀！漢祚衰群凶起狼煙滾滾，錦江山飄血腥遍野屍橫，只殺得赤地千里雞犬殆盡，只殺得眾百姓九死一生。獻帝初天下人丁五千萬，殺到今只剩下七百萬民，兒郎鎧甲生虮風，思之斷腸復斷魂，曹孟德志在安天下，赤壁折了……折了我百萬兵，求賢納士重振奮，誤殺了孔聞岱大錯鑄成，怕只怕天下的賢士心寒透，我宏圖大業化灰燼一。

△曹操手足無措，竟然朝倩娘跪了下來。

倩娘：（唱）相爺一拜如山重，拜得倩娘夢魂驚，為妾一死不要緊，怎忍心白髮人反送我黑髮人？

△倩娘亦跪在曹操面前，夫妻同時落淚。

曹操：（唱）流淚眼觀流淚眼——

倩娘：（唱）斷腸人對斷腸人——

曹操：（唱）賢妻呀——

倩娘：（唱）相爺呀——

△夫妻相擁，曹操感覺天色將亮，扶起倩娘……

曹操：（唱）有朝一日狼煙盡，我為妳造一座烈女碑亭；夫妻到此悲難忍，英雄淚染透了翠袖紅巾。

倩娘：（唱）願相爺，金戈鐵馬多保重，莫為我薄命女暗銷魂，待到海晏河清把功慶，到墳前奠半碗剩酒殘羹。

△倩娘跪下向曹操磕三響頭，曹操扶起她，倩娘推開曹操，逕自抽出牆上寶劍自刎。

△曹操上前扶起倩娘呼天搶地——

曹操：倩娘——倩娘——

△曹操悲傷飲泣，然後撿起寶劍，對外大喊……

曹操：來人——來人呀——

△楊修和曹操女兒以及眾兵士趕到，楊修心知肚明卻無可奈何……

楊修：曹丞相……你……你這夜夢殺人之疾難道就如此沈重嗎？

*Q1 孔聞岱被殺後，為什麼曹操編造自己有「夜夢殺人」的惡疾？

A：

**Q2 上文有★記號的段落，想一想哪句話暗示倩娘必須一死？

A：

*Q3 曹操為勸服倩娘自刎，精心安排下列說服策略。請依據上文，排列先後順序。

A：☐ 關心統一大業

☐ 建碑流芳萬年

☐ 內心進退兩難

Q4 倩娘自殺後，曹操為什麼撿起寶劍？為什麼對外大喊？

A： 撿起寶劍的原因：

對外大喊的原因：

Q5 楊修最後唱「夜夢殺人之疾難道如此沈重嗎？」。想一想他這樣唱，隱含他對曹操「夜夢連殺二人」的哪些看法？

A：

QA解答大公開

回答完前面的五個問題後，請參考下列的「答案核心」，
檢查自己的答案是否能掌握答案核心所列舉的重點。
其次參考「參考答案」觀摩其他同學的答案，並進一步反思如何修正自己的答案。
容易誤答的題目，我們也準備了「達人閱讀秘笈」，只要跟著達人的方法，
再重新思考一次，就能快速掌握核心概念，幫助你增強閱讀功力喔！

Q1 孔聞岱被殺後，為什麼曹操編造自己有「夜夢殺人」的惡疾？（為什麼─解釋原因）

答案核心：擔心楊修離去。

參考答案：擔心楊修離去。

錯誤答案：擔心賢士（群英）離他而去。

達人閱讀秘笈

Q1 這一個挑戰題如果你沒有答對答案核心，很有可能是因為混淆了「曹操殺孔聞岱與殺倩娘的目的」，你可以利用以下的表格，來釐清曹操殺兩人的目的不同。

曹操誤殺孔聞岱

事件經過	曹操誤殺孔聞岱
因為	孔聞岱是楊修派出的部下，誤殺孔聞岱楊修一定不高興 擔心楊修不高興而離去
所以	編造自己有夜間殺人惡疾，所以誤殺孔聞岱 為孔聞岱守靈
結果	楊修識破謊言 要曹操妾夜送披風

曹操殺妾

事件經過	妾夜送披風，曹操殺妾
因為	如果妾沒有被殺，群雄一定認為曹操說謊，如果曹操說謊，群雄一定會離他而去 擔心群雄離去
所以	殺妾證明自己會夜夢殺人（沒說謊）
結果	楊修識破而感嘆

QA解答大公開

Q2 上文有★記號的段落，想一想哪句話暗示倩娘必須一死？（想一想—分析隱藏涵義）

答案核心：倘若容你安然去。

參考答案：倘若容你安然去。

錯誤答案：

● 牽玉手、睹芳容，可憐賢妻懵懂人。

● 不捨賢妻難服眾，欲捨賢妻我怎能。

達人閱讀秘笈

Q2 這一個挑戰題如果你沒有答對答案核心，很有可能是因為不清楚文句的寓義。你可以利用以下的步驟，來幫你找出答案喔！

1 先斷句。（如下文）

2 分析句子的重點。

3 找出暗示倩娘自殺的句子。

(1) 牽玉手、睹芳容，可憐賢妻懵懂人，→感嘆倩娘無知。

(2) 我在靈堂方入夢，<u>妳不該把我的好夢驚</u>，（因為）我在夢中殺了孔聞岱，文官武將盡知情，→強調倩娘不該進來披衣。

(3) <u>倘若容妳安然去</u>，我枉殺無辜擔罪名；→強調如果不殺倩娘，大家會說我誤殺孔聞岱是假的。

(4) 不捨賢妻難服眾，欲捨賢妻我怎能？→說明矛盾。

(5) 事到此間亂方寸，進退維谷難煞人。→說明情緒慌亂。

Q3 曹操為勸服倩娘自刎，精心安排下列說服策略。請依據上文，排列先後順序。（為什麼—排列順序）

②關心統一大業

③建碑流芳萬年

①內心進退兩難

Q4 倩娘自殺後，曹操為什麼撿起寶劍？為什麼對外大喊？（為什麼—解釋原因）

答案核心：

撿起寶劍的原因：表示人是他殺的。

對外大喊的原因：裝作不知所措心中焦急的樣子，讓大家看到他夜夢殺人是真的。

參考答案：

撿起寶劍的原因：

● 表示人（倩娘）是他殺的。

● 表示他誤殺倩娘。

● 製造誤殺倩娘的假象。

對外大喊的原因：

● 讓大家看到（相信）他夜夢殺人。

● 讓臣子、兵士看見並外傳此事。

● 讓大家看到他夜夢殺人的現場。

Q5 楊修最後唱「夜夢殺人之疾難道如此沈重嗎？」。想一想他這樣唱，隱含他對曹操「夜夢連殺二人」的哪些看法？（想一想—分析隱藏涵義）

答案核心：楊修看穿曹操心機，諷刺曹操冷酷無情。

參考答案：

● 不齒曹操冷血殺人。

● 為一統天下野心為大局（統一天下的野心），竟如此視人命如草芥。

● 為己利傷害摯愛。

● 難道為了自己的錯誤，必須用他人的命來掩飾。

5 詩人英雄

文／卡來爾

摘譯自《論英雄、英雄崇拜，和歷史上的英雄事跡》（On Heroes, Hero-Worship and the Heroic in History）
的第三篇「詩人英雄」〈Lecture III. The Hero as Poet〉
本文節錄自《晨讀 10 分鐘—世紀之聲演講文集》，二〇一一年七月天下雜誌出版

① 我給予但丁的《神曲》（Divine Comedy）最高的評價。對稱之美貫穿整部作品，有如和諧莊嚴的建築、有如韻律優雅的音樂。其中的三個篇章〈地獄〉、〈煉獄〉和〈天堂〉彼此呼應、迴響，有如在世間築起一座鬼斧神工的教堂，令人肅然起敬、讚歎不已。而那最真摯、誠懇的詩句是無價之寶，發自於詩人內心最深處，穿透漫長的時空交替，感動著我們的心。「思想」是辛勞的結晶、最高的美德，它出生於苦難的黑暗漩渦，掙扎著追求自由。只有苦難的折磨才能使人臻至完美。從來沒有其他任何作品，像《神曲》這樣精緻而繁複，彷彿但丁炙熱的靈魂煉爐熔化了每一個詩句細節，而整個中世紀的靈魂也熔化在其中，鑄造成永恆的音律和畫面。這是偉大的工程、極度的試煉，但丁卻做到了！

② 因此，沉默千年的中世紀，透過神奇的方式，在但丁的作品中找到了聲音。《神曲》是但丁寫的，但它更屬於基督教流傳千年的中世紀，只不過是由但丁的筆來完成。好比一位工匠用各種器具、各種方法，將金屬打造成藝術品，過程中他自己的功勞其實少之又少，所有過去人們的努力都來助他一臂之力！所有的人事物，恆常是如

此。但丁為中世紀發聲，將當時主宰人類生活的「思想」化為永恆的樂章。他那極致、崇高的詩句，令人既敬畏又驚豔，正是所有過去的善良基督徒思想的精華。先人的足跡固然寶貴，但丁又何嘗不是？如果不是他艱苦創作，中世紀將仍然一片沉寂，即使不會消逝，也只是闃然無聲。

③ 如果大自然造化賦予但丁的使命，是以音律之美呈現中世紀宗教、現代歐洲的起源以及內在精神；那麼莎士比亞的使命，就是呈現文藝復興的外在風貌，包括當時的騎士文化、禮教、幽默和抱負，以及人們的思想、行為和觀點等生活體驗。透過荷馬的作品，我們可以拼湊古希臘人生活的狀況。同樣的，透過但丁和莎士比亞，數千年後人們將依舊可以看到歐洲的宗教信仰和日常生活。但丁呈現信仰，莎士比亞則

呈現生活，兩者同等尊貴；假使前者是一個人的靈魂，後者便是身體。在莎士比亞的時代，騎士文化已接近尾聲、正開始邁向或許緩慢、或許快速的崩解。莎士比亞憑藉著洞察的眼光、多年的吟詠，被賦予刻劃時代的使命，留下永久流傳的紀錄。這兩位詩人皆勝任天命：但丁是地心

的火焰，深沉而激烈；莎士比亞則是普照大地的太陽，溫和而遼闊。義大利產生了一位世界級的詩人；我們英國則很榮幸的產生了另外一位。

④ 一個國家能孕育出偉大的詩人，用悅耳的語言歌頌它的核心意義，這真的值得慶賀。例如：可憐的義大利現在四分五裂，在任何條約中都無法以統一的國家出現。然而，義大利仍然高貴而一體，因為它有但丁，它就有自己的聲音。相反的，俄國的沙皇儘管擁有刺刀、弓箭和大砲，而且英勇善戰、努力維持國家統一，但是它尚未培養出天才詩人，讓所有人、在所有時空都能聽得到。因此儘管它在某方面也稱得上偉大，現在它頂多只是偉大但喑啞的怪獸。弓箭和大砲終究會鏽蝕殆盡，而但丁的詩歌仍將繼續傳唱。

** **Q1** 為什麼但丁的《神曲》應該給與最高的評價？根據段落 ①，從作品的形
式與內容二方面，簡要說明。

A：形式：

　　內容：

** **Q2** 想一想作者用「工匠將金屬打造成藝術品」的例子，是想說明什麼？

A：

雖然但丁寫下	
但是他個人的貢獻	
因為	

* **Q3** 比較荷馬、但丁與莎士比亞對人類文明的貢獻。

A：

項目	時代		特質
荷馬	紀錄（	）	
但丁	紀錄（	）	
莎士比亞	紀錄（	）	

- -

＊Q4 為什麼作者說「俄國雖然偉大卻只是一隻喑啞的怪獸」？

A：

＊Q5 說出上文主要的重點。

A：作者利用（　　　　　　　　　　　　　）、（　　　　　　　　　　　　　）的例子，

說明（　　　　　　　　　　　）對（　　　　　　　　　　　　　　）的貢獻。

QA解答大公開

回答完前面的五個問題後，請參考下列的「答案核心」，
檢查自己的答案是否能掌握答案核心所列舉的重點。
其次參考「參考答案」觀摩其他同學的答案，並進一步反思如何修正自己的答案。
容易誤答的題目，我們也準備了「達人閱讀秘笈」，只要跟著達人的方法，
再重新思考一次，就能快速掌握核心概念，幫助你增強閱讀功力喔！

Q1 為什麼但丁的《神曲》應該給與最高的評價？根據段落 ①，從作品的形式與內容二方面，簡要
說明。（為什麼—解釋原因）

答案核心：

形式：充滿對稱之美。

內容：詩句充滿真摯誠懇的聲音。

參考答案：

形式：

- 對稱之美貫穿全部作品。
- 對稱，三個篇章彼此呼應。
- 有次序對稱感就像帕得嫩神廟。
- 對稱和諧。

內容：

- 發自詩人內心最真摯誠懇的詩句。
- 思想為主軸，精緻而繁複。
- 真摯發自內心感人肺腑。
- 詩句真摯誠懇，中世紀的精神融化其中。

錯誤答案：

形式：

- 詩歌。
- 發自詩人內心深處。

內容：

- 宗教信仰。
- 思想世辛勞的結晶，使人達到完美。
- 對稱之美。

Q2 想一想作者用「工匠將金屬打造成藝術品」的例子，是想說明什麼？（想一想─分析寫作目的）

	答案核心	參考答案	錯誤答案
雖然但丁寫下	神曲為中世紀發聲	神曲	中世紀內容
但是他個人的貢獻	其實很少	較少 只是動筆紀錄	延續中世紀文化
因為	所有過去人們的努力都來助他一臂之力	先人足跡、基督教精華、所有過去人們的努力，都來助他一臂之力	歷史已經發生

Q3 比較荷馬、但丁與莎士比亞對人類文明的貢獻。（為什麼─比較異同）

		時代	特質
答案核心	荷馬	紀錄古希臘	生活狀況
	但丁	紀錄中世紀	內在精神（信仰）
	莎士比亞	紀錄文藝復興	外在風貌（生活）
參考答案	荷馬	紀錄古希臘	拼湊出當時生活 生活狀況 生活
	但丁	紀錄中世紀	思想理念、信仰（深沈而激烈）
	莎士比亞	紀錄文藝復興	外在風貌、生活（溫和而遼闊）
錯誤答案	荷馬	歷史	
	但丁	信仰	
	莎士比亞	生活	

Q4 為什麼作者說「俄國雖然偉大卻只是一隻喑啞的怪獸」？（為什麼─解釋原因）

答案核心：因為缺乏偉大的詩人。

參考答案：

● 缺乏把核心思想傳到人心靈的方式。

● 沒有詩人用悅耳的語言，歌頌國家的核心意義，沒有自己的聲音。

● 尚未培養出天才詩人。

錯誤答案：因為國家統一，無法培養出詩人。

＊**Q5** 說出上文主要的重點。（說出主要的）

答案核心：

作者利用（ 但丁 ）、（ 莎士比亞 ）的例子，說明（ 詩人 ）對（ 文明（文化）、國家 ）的貢獻。

參考答案：

作者利用（ 但丁 ）、（ 莎士比亞 ）的例子，說明（ 詩人 ）對（ 歷史紀錄／文化 ）的貢獻。

錯誤答案：

作者利用（ 但丁 ）、（ 莎士比亞 ）的例子，說明（ 時代背景／人類 ）對（ 國家統一 ）的貢獻。

達人閱讀秘笈

這一篇文章的五個挑戰題，都不太容易回答，在做測驗時，每一題都有不少同學誤答。如果你也覺得很困難，請跟著以下的步驟，再來仔細的閱讀一次喔！

段落 ① 閱讀

1 先閱讀第一段，把有句號的部份斷開。

2 找出主題句→最高評價。

3 找出評價高的原因一，並加上（因為）。

4 找有關對稱美的例子。

5 找出評價高的原因二，並加上（因為）。

內容分析：

我給予但丁的《神曲》（Divine Comedy）最高的評價。→主題句。

（因為）對稱之美貫穿整部作品，（例子）有如和諧莊嚴的建築、有如韻律優雅的音樂。→形式的價值是對稱之美。

QA解答大公開

其中的（例子）三個篇章〈地獄〉、〈煉獄〉和〈天堂〉彼此呼應、迴響，有如在世間築起一座鬼斧神工的教堂，令人肅然起敬、讚歎不已。

而那最真摯、誠懇的詩句是無價之寶，（因為）發自於詩人內心最深處，穿透漫長的時空交替，感動著我們的心。→內容的價值是真摯、誠懇。

困難釐清 說明但丁的《神曲》形式、內容的價值。

段落 ② 閱讀

1 先閱讀第二段，把有句號的部份斷開。
2 找出主題句。
3 找核心概念的重要句子，用「雖然、但是、因為」加以整理。
4 找出例子，用「雖然、但是、因為」加以整理。
5 解釋「因為過去人們的努力都來幫他」的涵義：人們發明各種工具及使用工具的方法，工匠才能在工具及使用方法的基礎上，創造藝術品。所以「發明各種工具及使用方法」就是「過去人們的努力都來幫他」。

內容分析：

因此，沉默千年的<u>中世紀</u>，透過神奇的方式，在但丁的作品中找到了聲音。→主題句。

《神曲》是但丁寫的，但它更屬於基督教流傳千年的中世紀，只不過是由但丁的筆來完成。（重要句子）

雖然	但是	因為
《神曲》是但丁寫的	但它更屬於基督教流傳千年的中世紀	但丁只是用他的筆來完成。

好比一位工匠用各種器具、各種方法，將金屬打造成藝術品，過程中他自己的功勞其實少之又少，所有過去人們的努力都來助他一臂之力！（例子）

雖然	但是	因為
工匠打造藝術品	他的貢獻不多	過去人們的努力都來幫他（各種器具和方法）

困難釐清 因為工匠打造藝術品是各種器具和方法的幫忙，所以但丁完成《神曲》也是過去人們的努力幫忙。

段落 ③ 閱讀

1 先閱讀第三段，把有句號的部份斷開。
2 找出主題句。
3 用形式與內容，比較主題句的重點。
4 用時代、特色，比較荷馬、但丁、莎士比亞的貢獻。

內容分析：

如果大自然造化賦予但丁的使命，是以音律之美呈現中世紀宗教、現代歐洲的起源以及內在精神；那麼莎士比亞的使命，就是呈現文藝復興的外在風貌，包括當時的騎士文化、禮教、幽默和抱負，以及人們的思想、行為和觀點等生活體驗。→主題句。

透過荷馬的作品，我們可以拼湊古希臘人生活的狀況。

同樣的，透過但丁和莎士比亞，數千年後人們將依舊可以看到歐洲的宗教信仰和日常生活。

但丁呈現信仰，莎士比亞則呈現生活，兩者同等尊貴；假使前者是一個人的靈魂，後者便是身體。

在莎士比亞的時代，騎士文化已接近尾聲、正開始邁向或許緩慢、或許快速的崩解。

莎士比亞憑藉著洞察的眼光、多年的吟咏，被賦予刻劃時代的使命，留下永久流傳的紀錄。

這兩位詩人皆勝任天命：但丁是地心的火焰，深沉而激烈；莎士比亞則是普照大地的太陽，溫和而遼闊。

義大利產生了一位世界級的詩人；我們英國則很榮幸的產生了另外一位。

項目	形式	內容
但丁	音律之美	中世紀的精神
莎士比亞		文藝復興外在風貌

項目	時代	特色
荷馬	古希臘	生活狀況
但丁	中世紀（基督教文化）	宗教信仰、內在精神、靈魂、火焰、深沈激烈
莎士比亞	文藝復興（騎士文化）	日常生活、外在風貌、身體、太陽、溫和遼闊

困難釐清 能比較三者的不同。

段落 ④ 閱讀

1 先閱讀第四段，把有句號的部份斷開。
2 找出主題句。
3 重要句子（一）用「雖然、但是、因為」加以整理。
4 重要句子（二）用「雖然、但是、因為」加以整理。
5 為什麼俄國是「偉大但喑啞的怪獸」？

內容分析：

一個國家能孕育出偉大的詩人，用悅耳的語言歌頌它的核心意義，這真的值得慶賀。→主題句。

例如：（雖然）可憐的義大利現在四分五裂，在任何條約中都無法以統一的國家出現，（但是）義大利仍然高貴而一體，（因為）它有但丁，它就有自己的聲音。→重點句子（一）。

相反的，俄國的沙皇（雖然）擁有刺刀、弓箭和大砲，而且英勇善戰、努力維持國家統一，（因為）它尚未培養出天才詩人，讓所有人、在所有時空都能聽得到。

因此儘管它在某方面也稱得上偉大，（但是）現在它頂多只是偉大但喑啞的怪獸。→重點句子（二）。弓箭和大砲終究會鏽蝕殆盡，而但丁的詩歌仍將繼續傳唱。→結論：因為俄國只有弓箭、大砲沒有詩人，所以只是喑啞的怪獸，不能傳唱國家自己的聲音。

	雖然	但是	因為
義大利	四分五裂	高貴	有詩人（但丁）
俄國	統一、偉大	喑啞怪獸	沒有詩人

困難釐清 了解為什麼俄國是「偉大但喑啞的怪獸」。

全文重點

1 找出每段的關鍵句。
① 但丁神曲具有形式、內容之美。
② 但丁神曲紀錄中世紀的聲音。
③ 但丁呈現中世紀精神，莎士比亞呈現文藝復興的外在風貌。
④ 詩人能歌頌國家、時代的核心精神。
2 統整四句重點→但丁、莎士比亞，以詩歌紀錄時代（國家）的文明（精神、風貌）。
3 了解紀錄時代文明就是詩人的貢獻。

困難釐清 能說出文章重點。

Part/3
省思評鑑大挑戰

閱讀訓練的第三招，就是能夠對文章的內容、形式，提出合理的看法。這個能力我們在題幹特別用「**你認為**」做為提醒。「你認為」是省思評鑑的能力，也就是能對文章的內容、形式，提出看法，並且能舉出證據，或提出理由來支持自己的看法。

在這一個單元裡，總共有五篇不同類型的文章，請你先從第一篇讀起，閱讀的時候，要記得拿出前兩章已經學會的檢索擷取與統整解釋能力喔！先畫出重點，再找出全文主題與重點。最後想一想你對內容或形式，有沒有自己的看法？這個看法能不能自圓其說，說服別人？

為了訓練這項能力，我們根據試題的難易程度，安排了下列五個小測驗。當進行到第五個測驗時，也可以自己先練習設計五個問題來問自己，練習完，再比較我們所提供的問題，想一想有沒有差別，這樣也可以提升自我評估的能力喔！

自己完成上述兩階段的思考，再回答「**閱讀闖關 Q A Time**」的五個問題，試試你的省思評鑑指數有多高！

註：問題前面如果有 * 的符號，表示它是較難的試題，* 愈多表示問題愈難。

文章 ① 文學類閱讀：貼紙秀 　　　　　　　　　　　　　文／簡媜

文章 ② 文學類閱讀：麵包的祕密 　　　　　　　　　　　文／歐亨利

文章 ③ 圖表類閱讀：臺灣高鐵早鳥優惠

文章 ④ 知識類閱讀：為黑暗中的生命而努力 　　　　文／J.K.羅琳

文章 ⑤ 知識類閱讀：全球人口突破七十億 　　　　　　文／吳怡靜

貼紙秀

文／簡媜

原文出自《頑童小蕃茄》，二○○五年三月九歌出版
本文引自《晨讀 10 分鐘——成長故事集》，二○一○年七月天下雜誌出版

① 當小番茄被送到幼稚園「託管」後，她的家人像從牢裡放出來的竊賊，個個因重見天日而對未來有了更新的期望——這樣說，聽起來滿冷酷的，好像小番茄的家人巴不得把她送走似的。其實不是，由於小番茄比一般小孩活潑、好動，又對周遭事物保持高度的探險樂趣，長期以來讓家人的精神一直處於緊繃狀態。現在，她每天至少有三個小時不在家，家人可以喘口氣，從容的上美容院做個頭髮啦，逛逛街啦，就算不出門，把家裡清掃乾淨也怪舒服的。而那些在外上班的大人，也不必一進辦公室就接到小番茄的追蹤電話，他們一想到這粒番茄跟他們一樣被「困」在教室安靜的聆聽教誨、不許亂跑亂動，心裡就浮起「嘿嘿，你也有這一天啊！」的竊笑。

② 真是沒有溫暖與同情心的一家人。

③ 然而，這些大人們也不可救藥的個別陷入幻想。他們痴痴的看著愈長愈漂亮的小番茄，綁著兩條辮子，在桌前整理她的小書包，心中浮現一個博學多識的女教授身影；他們很肯定只要小番茄「好好努力」，她會成為同代中最優異的學者，年紀輕輕就成為某領域的「大師級」人物。當他們看到小番茄站在客廳茶几旁畫畫，筆觸生動，用色大膽，洋溢著無法抑制的熱情時，又悄悄幻想她會成為驚動

畫壇的天才畫家，飲譽世界（或稍微謙虛一點，馳名海峽兩岸）。當他們又發現小番茄用繩子穿著電鍋內鍋的兩個小耳洞，斜背在身上，用筷子敲打鍋底「演奏」得有模有樣時，情感豐沛的大人已經預見小番茄優雅的站在國家音樂廳台上展露小提琴家（也許，鼓比較吻合）的丰采，觀眾們如痴如醉，眼中閃著薄薄的淚光……

④「吵死了，我看你以後去送葬樂隊打鼓好了！」某位大人說。他立刻因「羞辱」一位資優兒童而被大老們厲聲喝斥。這個家一向有集體歇斯底里傾向，一旦流行做什麼夢，凡是有人出口牴觸必受到譴責；那陣子「神童夢」做得如火如荼，大老們大概把家鄉及台北有名的寺廟全拜遍了，其中一位大老，還報名進香團，到北港朝天宮許願。

⑤這個夢沒多久就雲消霧散。娘娘與幼稚園老師密切溝通的結果，發現小番茄在調皮搗蛋的天才要比學智能力更出色。

「老師說你上課跑出去，怎麼回事？」娘娘問。

「我去中班玩呀！」

「你們老師在上什麼課？」娘娘想知道為什麼她小小年紀就會「翹課」？

「唱歌啊──」小番茄答，自己又嘩啦嘩啦用最快速度唱一遍，簡直像絞帶子的錄音機。

⑥娘娘猜想，像她這麼沒耐心、好動的小孩，對已學會而老師不斷重複的課程一定會失去興趣，難免像一隻花蝴蝶到處串門子，哪裡有趣就到哪裡採蜜。

⑦ 可是，這種習慣一旦養成，以後進入教育體制，哪有可能讓你這堂課逛到三年級聽國文，下堂課轉到二年級聽數學，下下堂再回一年級上體育。用脊椎骨想都知道，校長會這麼說：「小番茄，你以為學校是狄斯奈樂園嗎？要是每個學生都跟你一樣，乾脆到學校看電視，每個人發一個遙控器算了！」

⑧ 所以，無奈的娘娘為了小番茄的將來著想，不得不以哀怨的表情央求小番茄盡量遵守上課規則，別自作主張到處「轉檯」；要是老師講的課你已經會了，覺得很無聊，那……那就在心裡想一想看過的故事啦，或是有趣的事。（接著，利誘之）如果你很乖，娘娘會帶你去墾丁玩，住大飯店哦！

⑨ 真是悲哀，一方面同情小番茄對不喜歡的課程的無趣感，一方面又必須鼓勵她繼續無趣下去。有一個大人建議再觀察一陣，若無法改善，乾脆接回來自己教。

⑩「誰教？叫媽祖婆教啊？」有人說。的確也是，這個家大人雖多，卻各有各的事業與生涯規劃，哪有可能專職教小番茄學習。最好的辦法還是請小番茄自求多福，學習摸索解決之道；人生長得很，凡事替她打點好，相對的剝奪她自力更生的能力，以後會變成「軟腳蝦」。所有的人都不希望這個家出現這種海鮮，雖然他們一家老小都是海產迷，在餐桌上。

⑪ 又有新狀況。小番茄遵照娘娘指示，上課時不再串門子了；但她忽左忽右跟小朋友講話，老師在前面「嘩啦嘩啦」，她在中間「吧達吧達」，簡直是師生比「嘴功」嘛！老師不得不制止她：「小番茄，把嘴巴閉起來！」老師說完，又繼續上課了。

⑫ 坐在椅子上的小番茄靈機一動，從書包裡拿出動物貼紙，有眼珠子的

那種，一一貼在十根指頭上，自己演起小劇場來了；這根動動，那根動動，一起動動，那些狗啊貓啊兔啊好像活起來，逗樂得很；小番茄樂歪了，吱吱亂笑，前後左右的小朋友嘩的全圍上來看小番茄表演貼紙秀，個個笑得跟潑猴似的。老師臉都綠了。

⑬ 這條罪狀很快被娘娘知道了。

「你不是答應我嗎？為什麼吱吱喳喳劈哩吧啦（數落的話，不必細述）……」

「沒有呀！」小番茄說。

「那，為什麼……老師……小朋友都……沒辦法……上課……」（也不必細述）

這次，小番茄可理直氣壯，她說：

「小朋友自己跑來看的啊，我又沒有講話！」

貼紙秀 文／簡媜

閱讀闖關QAtime!

閱讀完上面的文章，
請回答以下五個題目，
看看你的省思評鑑能力有多高？

Q1 小英認為段落 ① 作者使用「烘托」的寫作手法，來說明小番茄的活潑好動。
請從段落 ① 舉例證據，支持這個看法。

A：

Q2 娘娘同情小番茄上課無趣卻認為她應該待在教室。請根據段落 ⑦
幫娘娘說明理由。

A：

*Q3 根據上文標示的段落，你認為小番茄在哪一段才正式上場？並進一步說明理由。

A：

Q4 你認為段落 ⑬ 小番茄的回答「小朋友自己跑來看的啊，我又沒有講話！」，為什麼獨立成行？並進一步說明理由。

A：

＊Q5 你認為上文哪一段的描寫最精采？並進一步說明理由。

A：

QA解答大公開

回答完前面的五個問題後，請參考下列的「答案核心」，
檢查自己的答案是否能掌握答案核心所列舉的重點。
其次參考「參考答案」觀摩其他同學的答案，並進一步反思如何修正自己的答案。
容易誤答的題目，我們也準備了「達人閱讀秘笈」，只要跟著達人的方法，
再重新思考一次，就能快速掌握核心概念，幫助你增強閱讀功力喔！

Q1 小英認為段落 ① 作者使用「烘托」的寫作手法，來說明小番茄的活潑好動。請從段落 ① 舉例證據，支持這個看法。

答案核心：
- 家人重見天日的喜悅。
- 家人心中竊笑。
- 家人愉快做想做的事。

參考答案：
- 家人把小番茄送到幼稚園後鬆一口氣的模樣。
- 由家人的態度帶出小番茄的個性。
- 作者的比喻讓讀者會心一笑。
- 寫家人的精神緊繃，及讓幼稚園託管。
- 以家人重見天日烘托。
- 以家人的從容生活烘托小番茄的吵鬧。

Q2 娘娘同情小番茄上課無趣卻認為她應該待在教室。請根據段落 ⑦ 幫娘娘說明理由。

答案核心：因為教育體制不准學生換班上課，校長會請小番茄到校長室責備一番。

參考答案：
- 因為學校不准同學換班上課，所以校長說：你以為學校是狄斯耐樂園嗎？
- 因為學校有校規，所以校長會責備小番茄的行為。
- 因為上課要遵守學校規定，所以校長說：乾脆每個人都發遙控器看電視算了。

Q3 根據上文標示的段落，你認為小番茄在哪一段才正式上場？並進一步說明理由。

	段落	理由
答案核心	第五段	前五段都是透過大人的行為來烘托小番茄，本段小番茄才上場與娘娘對話
參考答案	第五段	• 前五段都是家人眼中的小番茄，本段小番茄才出現回答問題 • 之前都以旁觀的角度寫小番茄，本段小番茄才有說話 • 前面都在描述家人的行為 • 小番茄真正有對話
錯誤答案	第十三段	小番茄表達自己的意見

達人閱讀秘笈

Q3 這一個挑戰題如果你沒有答對答案核心，你可以透過以下的步驟，逐步的找出問題的答案，釐清困難。

1 再讀一遍，注意段落 ⑤。

困難釐清 了解段落 ⑤ 小番茄已經上場。

QA解答大公開

Q4 你認為段落 ⑬ 小番茄的回答「小朋友自己跑來看的啊，我又沒有講話！」，為什麼獨立成行？並進一步說明理由。

	為什麼獨立成行？	理由
答案核心	具有強調效果	凸顯小番茄的理直氣壯及大人管教的矛盾 1. 小番茄已經聽老師的話閉上嘴巴 2. 小番茄遵照娘娘吩咐不離開教室，娘娘也 　說坐在教室無聊可以自己想有趣的事
參考答案	• 表達強烈情緒	在大人的束縛中，表現不滿的情緒，必須獨立一行 才能強調
	• 強調小番茄理直氣壯及大人規 　定不合理	獨立成行有強調作用，和前面情節形成對比
	• 強調小番茄理直氣壯	句尾加「！」，顯示小番茄急於辯解
	• 強調沒有犯錯	自己沒有說話也沒有離開教室
	• 這是作者最想傳達的概念	前面是娘娘的約束，最後小番茄沒有破壞約定，整 段好似有弦外之音
	• 整篇重點	小番茄終於說出自己的意見
	• 強調及呼應	放在句尾給人訝異的感覺，讓讀者想像娘娘的回 應，凸顯題目的「頑童」
	• 重點句	小番茄覺得自己沒有錯，所以理直氣壯的說
	• 全文轉折	大人沒有聽小孩真正的看法，他們的行為沒有錯， 只是缺乏被理解
	• 讓大家想一想	孩子犯錯往往不認為是自己的錯，所以要點出這個 狀況讓人思考

Q5 你認為上文哪一段的描寫最精采？並進一步說明理由。

	段落	理由
答案核心	三	內容：長輩對晚輩期待的幻想，引起我相同經驗的共鳴
		形式：誇張的筆調（情節）、生動的文字，帶給我閱讀趣味
	十三	內容：寫小番茄在層層的限制中（不能離開教室、不能講話），為自己尋找樂趣，讓我佩服她的創意
		形式：「吱吱亂笑」和「笑得跟潑猴似的」，將當時情景描寫的很傳神
	十四	內容：娘娘氣急敗壞的責備，及小番茄天真無辜的回答，讓人莞爾一笑
		形式：將小番茄的話單獨一行，凸顯她的理直氣壯，對全文起了畫龍點睛的效果 採對話的形式，讓兩人的神態形成強烈對比，產生閱讀趣味
參考答案	十四	生動抒發主角的心情
	十四	小番茄純真直接的對話，讓我重新回味那顆赤子之心
	三、四	寫出家人太多不切實際的幻想及小孩壓力，真實寫出目前家庭的問題
	三	看到長輩對小孩的期待，激起我的熱血感，想起自己的父母對我也是有所期待
	一	生動描寫家人感受，也具體寫出小小番茄的調皮
	十三	生動描寫小番茄無法專心上課的模樣
	三	小番茄自然做出自己的動作，大人卻有所幻想，兩者對比令人莞爾一笑
	三	這些想像許多家庭都會發生，包括我，所以有共鳴感

麵包的祕密

文／歐亨利

原文出自《最後一葉：奧亨利故事集》，二〇〇〇年四月麥田出版
本文節錄自《晨讀10分鐘──成長故事集》，二〇一〇年七月天下雜誌出版

① 這是一間看起來很有質感的麵包舖子，裝潢得很溫馨。顧客進門時，會先經過店面門口的三級石階，一推開門，掛在門緣邊的鈴鐺就會噹噹作響。今年芳齡四十的瑪莎小姐，是這間店面的老闆娘。她是個心思細密，溫柔多情的女人。

② 近來幾個星期，有一個中年男子就特別吸引了瑪莎的注意。他每個星期都會光顧三次，每次總在固定的時間裡出現。他很有氣質，戴著眼鏡，留著修剪得很整齊的棕色鬍子，開口說話就流露出濃濃的德國腔英語。雖然，他穿的衣服上有些地方是磨破了縫補的，再不然就是皺成一團，不過，總的來說，他看來仍十分舒服，而且很有禮貌。他老是會買兩個隔夜麵包。新鮮的麵包一個五分錢，但同樣的價錢卻可以買兩個隔夜麵包。除了隔夜麵包以外，他從來沒有買過其他東西。瑪莎每天看著他來又目送他走，對他產生了興趣。她常在心裡想，這個男人，實際上到底是不是如同他的外表呢？他從事什麼職業呢？

③ 有一天，瑪莎看見他的手指上出現一塊紅褐色的污漬，她立刻直覺地認為這個男人肯定是個藝術家。當然，絕對是貧窮的那一種。瑪莎猜想，他應該是住在閣樓裡吧，在那裡作畫，沒錢吃大餐，

就只好啃啃隔夜麵包。每次來麵包店裡呆瞪著其他新鮮好吃的麵包，最後卻僅能選擇便宜貨。

④ 為了證實自己的推測，她決定付諸行動。她把以前買來的一幅畫給找了出來，掛在櫃檯後面的牆壁上。兩天以後，那個男人出現了。「麻煩您，兩個隔夜麵包。」他一如往常，客氣地對瑪莎說。瑪莎拿麵包的時候，心思其實還停留在男人的身上。她想知道，男人究竟會不會注意到櫃檯後的那幅畫。男人果然開口了。「小姐，你這幅畫很不錯。整個筆觸呈現出一種新風格。」「你真的覺得這畫還不賴嗎？」瑪莎問。「嗯。不過如果宮殿再加強一點，透視法用得真實一點會更好。」瑪莎將麵包交給男人以後，男人便道謝離開了。

⑤ 瑪莎開始陶醉地回想，男人眼鏡後所散發的目光可真是溫柔啊！而且，他的額頭長得很好，寬闊有型。最重要的是他那麼專業，居然一眼就可以判斷透視法的好壞。可惜，這個有才華的人卻只能靠隔夜麵包溫飽。不過話說回來，所有天才在成名以前，都必須這樣奮鬥的吧。

⑥ 漸漸的，就從那幅畫打開了話匣子之後，男人來買麵包時，他們開始會隔著櫃檯小聊一會兒。雖然沒談什麼，但都是美好的經驗。瑪莎感覺男人似乎也很渴望跟她聊天。後來，在男人沒有來的時候，瑪莎就會開始準備明天要跟他聊些什麼話題。她開始更注重自己的穿著打扮，只要男人那一天會來，她就會穿起自己最滿意的那件藍絲絨背心。她甚至還熬起美容湯汁，覺得自己除了多情，外表也應該更美麗，才能與藝術家匹配。一段日子過去了，一直觀察男人的瑪莎感覺到他彷彿愈來愈瘦了。他還是一直買隔夜麵包，從沒買過店裡其他可口的甜點。瑪莎很想送他幾塊新鮮的蛋糕或麵包，但又覺得這麼做，似

乎會很傷一個男人的自尊心，況且他一定還有著藝術家的骨氣，所以，她只好打消念頭。該用什麼方法可以讓他多吃一點、吃好一點呢？這個問題成為了瑪莎生活上的重心。有一天，男人來買麵包時，忽然有一輛救火車嗡嗡經過，停在對街轉角。他原本站在櫃檯前面的，好奇地跑到店門口張望外頭。就在這個時候，瑪莎忽然靈機一動。她拿起麵包刀，從櫃檯後面最低的一層架子裡，挖來兩坨新鮮的奶油，很快地塞進男人準備購買的麵包裡。

⑦ 等那男人回過頭來時，瑪莎已經把兩塊麵包用紙袋給包起來了。他們愉快地聊了幾句以後，男人便離開了麵包店。可是，瑪莎卻在他走了以後，開始擔心起來。她開始懷疑，自己那麼做是對的嗎？畢竟太大膽了些吧。他會不會不開心呢？最後，瑪莎的結論是，男人會喜歡她的巧思的。一定的。她不斷地說服自己相信。沒有過多久，掛在門上的鈴鐺響起來。有兩個人喧喧嚷嚷地走進來。

⑧ 瑪莎一看，其中一個男人是叼著煙斗的年輕人，而另外一個竟然就是她心目中的那位藝術家。她很緊張，她不敢相信一天之內可以見到他兩次。不過，她對藝術家的情緒還沒有得到足夠的平復時，藝術家身旁的那個男人就氣沖沖地走向瑪莎面前。他漲紅了臉，握起拳頭，然後又狠狠地抓住瑪莎。他氣憤地猛力搖晃瑪莎，把瑪莎晃得幾乎昏頭了。「你這個女人！你這笨女人！天殺的！」那男人根本失去了理智。瑪莎心中的藝術家見狀，努力想將他拉開。「別這樣。算了！我們走吧！」「我不走！我非跟她算清楚這筆帳！」叼著煙斗的男人，兩隻眼睛簡直要噴出火來了。他轉向瑪莎說：「我告訴你，你把我害慘啦！」瑪莎虛弱地倒在貨架上，不知道到底發生了什麼事。那個瑪莎目心中

的藝術家費了一番氣力，才終於把那個暴跳如雷的男人給架出門外。他將他帶到門外以後，自己又走進來。瑪莎吃力地站起來，仍然感覺昏頭轉向。她看著他走過來，覺得自己很狼狽，再也無法在他面前保持美麗優雅的樣子了。

　　⑨「小姐，」男人開口說：「我想我應該跟你解釋清楚。首先，我要代剛剛那個男人向你道歉。那個男人是個建築設計師，我在他的工作室裡替他工作。常常，我都會替他來你這裡買隔夜麵包。因為，設計師都知道，用隔夜麵包來擦拭掉草圖的鉛筆稿，效果比橡皮擦來得好。」瑪莎不發一語地聽著，臉上沒有表情。男人則繼續說：「可是，今天，嗯，我不知道為什麼，麵包裡竟然出現幾塊奶油。他的設計稿當場一擦，全變成了廢紙，現在大概只能用來包三明治了吧。」男人說完，搖搖頭嘆口氣，沒有再理會瑪莎就離開了。瑪莎仍佇立在原地，過了很久才回神。她默然地走進廚房，脫下那件藍絲綢背心。轉了身看見爐台上還烹調著那鍋美容湯汁時，她顯得有些不知所措，甚至是覺得有些困窘的。最後，她把那鍋湯汁拿起來，推開窗，全倒在了窗外的草坪上。不一會兒，那些倒在草地上的湯汁就被土壤吸乾了，像是從來沒有發生過這件事情一樣。

＊Q1 作者說瑪莎心思細密，如果把心思細密理解成「能對現象做進一步的觀察」例如買麵包會進一步注意出現時間及每週次數是固定的，這就算是一個心思細密的例子。那麼，你認為段落 ② 有哪些例子，是支持「瑪莎心思細密」的證據？（舉出答案欄之外的三個例子）

注意：回答方式請參考答案欄已經舉出來的例子。

A:

特質	舉證支持
心思細密	對男子買麵包的時間，會注意每週光顧三次（或固定時間出現） 1. 2. 3.

Q2 你認為段落 ⑥ 有哪些證據，支持「瑪莎」正處於戀愛幻想的情境之中？（舉出三個例子）

A: （1）_____

（2）_____

（3）_____

＊**Q3** 你認為段落 ⑨ 作者說「她默然地走進廚房，脫下那件藍絲絨背心，……最後，她把那鍋湯汁拿起來，推開窗，全倒在窗外的草坪上」，想暗示什麼？並進一步說明理由。

A：

Q4 看完上文，阿民與小華進行討論。

阿民：贈送奶油竟然變成災難，太離奇了，我覺得情節不應該變化這麼大。

小華：作者在段落 ⑥ ⑦，早就留下許多暗示。

請從段落 ⑥ ⑦，幫小華舉兩個例子，支持他的看法。

A：(1)_____

(2)_____

Q5 評論家認為歐亨利所寫的小說，具有「結局出人意表的戲劇性」。請你尋找證據，支持這個看法。

A：

Q_A解答大公開

回答完前面的五個問題後，請參考下列的「答案核心」，
檢查自己的答案是否能掌握答案核心所列舉的重點。
其次參考「參考答案」觀摩其他同學的答案，並進一步反思如何修正自己的答案。
容易誤答的題目，我們也準備了「達人閱讀秘笈」，只要跟著達人的方法，
再重新思考一次，就能快速掌握核心概念，幫助你增強閱讀功力喔！

* **Q1** 作者說瑪莎心思細密，如果把心思細密理解成「能對現象做進一步的觀察」例如買麵包會進一
步注意出現時間及每週次數是固定的，這就算是一個心思細密的例子。那麼，你認為段落 ② 有哪些例
子，是支持「瑪莎心思細密」的證據？（舉出答案欄之外的三個例子）

答案核心：
● 棕色鬍子會留意修剪整齊。
● 說英語會注意有濃濃的德國腔。
● 衣服會注意有磨破又縫補的痕跡（皺成一團）。
● 會注意只買兩個隔夜麵包（沒買過其他東西）。

參考答案：
● 留著修剪整齊的棕色鬍子。
● 濃濃的德國腔英語。
● 衣服有磨破縫補或皺成一團。
● 只買兩個隔夜麵包，沒買其他東西。

錯誤答案：
● 麵包店很溫馨。
● 門口有三級石階。
● 鈴鐺會嘟嘟作響。
● 很有氣質。
● 很有禮貌。
● 看起來很舒服。
● 吸引瑪莎注意。
● 戴著眼鏡。

達人閱讀秘笈

Q1 這一個挑戰題如果你沒有答對答案核心，很有可
能是因為忽略題目要求舉證的段落，或者忽略題目對
「心思細密」的定義喔！你可以透過以下的幾個問題，
逐步找出問題的答案，釐清困難。

1、找一找答案是不是在段落 ②？

困難釐清 更正出現在段落 ① 的答案

1、仔細閱讀「心思細密」的定義。
2、根據定義重新再找證據。

困難釐清 同學修正答案。

Q2 你認為段落 ⑥ 有哪些證據，支持「瑪莎」正處於戀愛幻想的情境之中？（舉出三個例子）

答案核心：

- 覺得男人目光溫柔。
- 感覺男人渴望與她聊天。
- 注重自己的穿著打扮。
- 準備聊天話題期待他出現的日子。
- 熬煮美容湯。

參考答案：

- 覺得男人目光溫柔。
- 感覺男人渴望與她聊天。
- 注重自己的穿著打扮。
- 準備聊天話題期待他出現的日子。
- 熬煮美容湯。

Q3 你認為段落 ⑨ 作者說「她默然地走進廚房，脫下那件藍絲絨背心，……最後，她把那鍋湯汁拿起來，推開窗，全倒在窗外的草坪上」，想暗示什麼？並進一步說明理由。

	想暗示	理由
答案核心	愛情幻想破滅，回歸原點	背心、湯汁都是愛情的象徵
	結束並放下感情	脫下那件藍綢背心將湯汁倒到窗外，將對他的愛慕脫下，將對他的感情幻想全部倒出去
參考答案	與男人進一步交往的幻想完全破滅	她所有的猜測都是錯的，她用心準備的奶油破壞別人的設計圖，自己的情境很困窘，而且看清一切只是她的幻想
	不用再為那男人而注重外表	原本以為那男人對自己有意思，結果他只是為工作來買麵包，所以她不再為那男人打扮自己、喝美容湯
	瑪莎絕望透了，心情跌到谷底	因為瑪莎的自作聰明，害那位設計師的設計圖毀了，也讓她心目中的藝術家對她失望，瑪莎當然難過自責極了（次一級）
	瑪莎覺得自己為了幫他反而害了他，面對不了那位男士，所以選擇逃避	脫下背心表示沒臉再見那位男士，把湯倒掉表示想趕快結束這一切（次一級）

Q_A解答大公開

Q4 看完上文，阿民與小華進行討論。

阿民： 贈送奶油竟然變成災難，太離奇了，我覺得情節不應該變化這麼大。

小華： 作者在段落 ⑥ ⑦，早就留下許多暗示。

請從段落 ⑥ ⑦，幫小華舉兩個例子，支持他的看法。

答案核心：

● 擔心、懷疑這樣做對嗎？會不會不開心？不斷說服自己相信。

● 救火車經過。

參考答案：

● 擔心、懷疑這樣做對嗎？會不會不開心？不斷說服自己相信。

● 救火車經過。

錯誤答案：

● 來了暴跳如雷的男人。

● 她把奶油塞進麵包。

● 藝術家嘆氣離開。

● 每週光顧三次。

● 總在固定時間出現。

● 設計稿成為廢紙。

● 現在只能包三明治。

（原因說明：與暗示無關，且非指定的段落）

達人閱讀秘笈

Q4 這一個挑戰題如果你沒有答對答案核心，很有可能是因為沒有看清答題範圍喔！你可以透過以下的幾個問題點，逐步的找出問題的答案，釐清困難。

1 注意題目要求根據第幾段回答？→段落 ⑥ ⑦

2 你的答案是不是在段落 ⑥ ⑦ ？

Q5 評論家認為歐亨利所寫的小說，具有「結局出人意表的戲劇性」。請你尋找證據，支持這個看法。

答案核心：
- 奶油的關心變成災難。
- 藝術家原來只是助手。
- 愛情幻想轉眼結束。

參考答案：
- 前文戀愛氛圍的鋪陳，讓我們期待奶油會帶來美妙的結局，沒想到竟逆轉為災難。所以我同意小說富有結局出人意表的戲劇性。
- 奶油原本是好意，最後竟變成是災難，那出人意表的結局真是令人意猶未盡（所以我認為它富有戲劇性）。
- 結局出人意料之外，本來以為男人會謝謝她，沒想到卻是這樣的災難，最後把湯倒掉時的無奈、失望，又與原來幻想的美好形成對比，這些都造成情節的戲劇性。
- 原本看似在講瑪莎的戀愛，但奶油災難卻造成情節逆轉，又先安排憤怒的行為，再慢慢說明原因，這些結局及手法都充滿戲劇性。
- 結局與傳統的兩人最後在一起，一人死了不同。女主角一人自己把事情搞砸，也看清藝術家的真相，在沒有第三者介入及父母反對下，自己看清真相，結束愛情，這些安排都讓情節充滿戲劇性。

臺灣高鐵早鳥優惠

圖一：早鳥優惠宣傳海報

地點	台北	板橋	桃園	新竹	台中	嘉義	台南	左營
台北	—							
板橋	40	—						
桃園	160	130	—					
新竹	290	260	130	—				
台中	700	670	540	410	—			
嘉義	1080	1050	920	790	380	—		
台南	1350	1320	1190	1060	650	280	—	
左營	1490	1460	1330	1200	790	410	140	—

表一：高鐵標準車廂對號座位全票車價

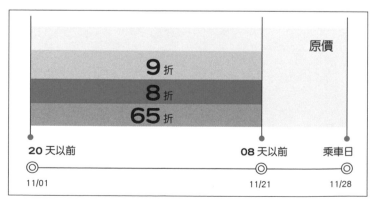

圖二：高鐵「早鳥優惠」購票時間說明

車行方向	週五	週六	週日
南下	18：00 － 21：00	07：00 － 10：00	
北上			15：00 － 21：00

表二：高鐵不提供「早鳥優惠」車次時段說明表

南下車次（台北發車）								
車次	發車	週一	週二	週三	週四	週五	週六	週日
551	06：30	適用	適用	適用	適用	適用	適用	適用
103	06：36		適用	適用				適用
↓	↓	無早鳥優惠車次						
135	10：30	適用	適用	適用	適用	適用		適用
637	10：36	適用	適用	適用	適用	適用	適用	適用
139	10：54	適用	適用	適用	適用	適用	適用	適用
641	11：00	適用	適用	適用	適用	適用		適用
143	11：30	適用	適用	適用				適用
北上車次（左營發車）								
車次	發車	週一	週二	週三	週四	週五	週六	週日
648	12：00	適用	適用	適用	適用		適用	適用
150	12：30	適用	適用		適用		適用	適用
652	12：36				適用		適用	適用
656	13：00						適用	
158	13：30		適用				適用	

表三：高鐵 3 月份「早鳥優惠」65 折適用車次

南下車次							
車次	551	103	135	637	139	641	143
台北	06：30	06：36	10：30	10：36	10：54	11：00	11：30
台南	08：14	不停靠	不停靠	12：19	不停靠	12：43	不停靠
北上車次							
車次	648	150	652	656	158		
台南	12：15	不停靠	12：49	13：15	不停靠		
台北	14：00	14：06	14：36	15：00	15：06		

表四：高鐵台北站至台南站「出站及到站時刻」說明表

【三天二夜漫遊台南住房專案】

1. 適用日期：即日起～2013 / 6 / 30

2. 人數限制：二人同行

3. 房型：豪華雙床房

4. 訂房須知

　（1）入住手續：本飯店接受辦理入住時間為 13:00 後

　（2）退房手續：本飯店退房時間為 12:00 前

5. 提供免費高鐵接送服務：整點自飯店出發，30 分自高鐵折返

6. 台北至台南高鐵搭乘時間約 1 時 45 分

圖三：飯店優惠住房專案

閱讀闖關 QAtime!

閱讀完上面的文章，
請回答以下五個題目，
看看你的省思評鑑能力有多高？

＊Q1 「哇！竟然省下 1050 元」，你認為可以實現的證據是什麼？（請利用表一的訊息，舉例證據）

A：

＊＊Q2 你認為高鐵的優惠取名「早鳥」，主要原因是什麼？（請利用圖二的訊息，舉例證據，支持看法。）

A：

Q3 根據表二，你認為乘客搭乘高鐵常見的形態是什麼？

A：

Q4 小華認為早鳥優惠，可以讓高鐵得到「增加車次利用率，減價不影響營收」的好處。請利用表二、圖二的訊息，幫他說明理由。

A：

Q5 今天是 2 月 1 日，家住台北的王小名，準備利用 3 月份的週末與妻子前往台南，做二天一夜的小旅行。如果他想<u>住旅館時間最久，利用接駁車往返高鐵</u>，又想買到折扣最多的高鐵票。你認為他應該如何規劃較適當？並進一步說明你這樣規劃的理由。

A：

看法	理由
1. 選擇購買週六上午車次（　　）的優惠票，前往台南 2. 選擇購買車次（　　）的優惠票，返回台北 3. 提前（　　）天，預購高鐵票	

Q&A解答大公開

回答完前面的五個問題後，請參考下列的「答案核心」，
檢查自己的答案是否能掌握答案核心所列舉的重點。
其次參考「參考答案」觀摩其他同學的答案，並進一步反思如何修正自己的答案。
容易誤答的題目，我們也準備了「達人閱讀秘笈」，只要跟著達人的方法，
再重新思考一次，就能快速掌握核心概念，幫助你增強閱讀功力喔！

＊Q1「哇！竟然省下 1050 元」，你認為可以實現的證據是什麼？（請利用表一的訊息，舉例證據）

答案核心：假設從台北搭到左營再搭回台北（2980 元）打 65 折，則可省 1043 元（接近 1050 元）。

參考答案：

- 假設從台北搭到左營再搭回台北（2980 元）打 65 折，則可省 1043 元（接近 1050 元）。

- 如果從板橋坐車到嘉義站，在乘車日前八天內預購，來回一趟省 210 元，五趟就省 1050 元了。

達人閱讀秘笈

Q1 這一個挑戰題如果你沒有答對答案核心，很有可能是因為沒有將 1043 元聯想成與 1050 元接近！在閱讀廣告時要特別注意，廣告有時不會很精確，所以接近即可。

＊Q2 你認為高鐵的優惠取名「早鳥」，主要原因是什麼？（請利用圖二的訊息，舉例證據，支持看法。）

答案核心：

原因：「早起的鳥兒有蟲吃」，鼓勵提前先訂票，可以享受優惠。
舉證支持：八天以前可享優待，當天或八天內沒有優待。

參考答案：

原因：

- 早起的鳥兒有蟲吃，同理早訂票的人有錢省。
- 預先訂票就好比早起的鳥兒可吃較多蟲，可享許多優惠。

舉證支持：八天以前可享優待，當天或八天內沒有優待。

QA解答大公開

達人閱讀秘笈

Q2 這一個挑戰題如果你沒有答對答案核心，很有可能是因為沒有釐清早鳥優惠的重點喔！你可以透過以下的幾個問題點，逐步的找出問題的答案，釐清困難。

1 何者不能享受優待？→當天及八天內。
2 何者可以享受優待？→八天前到二十八天前。
3 八天前到二十八天前，可以享受哪些優待？→可能是 9 折、8 折或 65 折。
4 如何才能買到 65 折？→可能愈早買愈容易，但不是保證。

困難釐清 了解舉證的重點是八天內買沒優待，或愈早買愈可能買到 65 折車票。

Q3 根據表二，你認為乘客搭乘高鐵常見的形態是什麼？
答案核心：週五晚上週六早上南下，週日下午及晚上北上。

Q4 小華認為高鐵公司設計早鳥優惠，可以得到「減價不影響營收又能增加車次利用率」的好處。請利用表二、圖二的訊息，舉例證據，支持他的看法。
答案核心：
- 週五、六、日的乘車高峰時段及八日內車票不減價，所以減價不影響營收。
- 其他時段在 28-9 天內預定可以減價，吸引想省錢的旅客利用離峰時間搭乘，增加車次利用率。

參考答案：
- 因為不常搭高鐵的時段有優惠，所以吸引乘客在此時搭乘，雖然減價卻增加了車次利用率，又加上常用時段並無減價，故不影響營收。
- 先利用圖二的優惠吸引一推想省錢的民眾，接著又在尖峰時段取消優惠（表二），民眾一來有錢省，又不可能不搭回去，有人搭不影響營收，想省錢的搭平日班次又可以增加車次利用率，很棒！
- 人們可能會會為了得到更多優惠的價格而搭乘有優惠卻人少的時段的車次，因此能增加車次利用率。因價格較便宜，可能有人會因此改搭高鐵，可增加購票人數。
- 因為有了早鳥票，在冷門時段裡，人數增加，所以能增加車次利用率，也不影響營收。尖峰時段沒有早鳥優惠票，因為搭乘尖峰時段的人，是一定要那個時間點搭乘的人，所以就這樣達成增加車次利用率和減價不影響營收的好處。

Q5 今天是 2 月 1 日，家住台北的王小名，準備利用 3 月份的週末與妻子前往台南，做二天一夜的小旅行。如果他想住旅館時間最久，又利用接駁車往返高鐵，又想買到折扣最多的高鐵票。你認為他應該如何規劃較適當？並進一步說明你這樣規劃的理由。

項目	規劃內容	理由
答案核心	637 車次 652 車次 28 天	1.搭 637，到達台南 12 時 19 分，正好接飯店 12 時 30 分接駁車，13 時到達飯店 2.搭 652，離開飯店 12 時，搭接駁車至高鐵為 12 時 30 分，12 時 49 分可搭 652 返回台北 3.637 及 652 正好都有早鳥優惠
參考答案	637 車次 652 車次 28 天	前往和返回的時間都有早鳥優惠，而飯店是 13:00 後才准入房，所以抵達台南市 12:19，剛好飯店提供免費接送服務，12:30 就可以到飯店，充分利用飯店設施。退房手續要在 12:00 前，因此整點 12:00 出門，但不知道何時抵達高鐵，只知道 12:30 車子會回飯店，由此可知抵達高鐵站應在 30 分鐘內，所以搭乘 652(12:49 北上)，如此一來便可省下不少車資
錯誤答案	143 車次 648 車次 150 車次	

達人閱讀秘笈

Q5 這一個挑戰題如果你沒有答對答案核心，很有可能是因為車次估算錯誤！你可以透過以下的幾個問題點，逐步的找出問題的答案，釐清困難。

1 搭 143 車次到台南，幾點到達？→不停靠台南。

2 搭 150 車次可以到台北嗎？→不能，因為不停靠台南。

3 搭 648 車次，幾點要離開台南？→ 11 時，因為整點接駁車發車，搭 12 時發車，會趕不上高鐵。
11 時離開就少住 1 小時。

困難釐清 以上三種車次不適合搭乘。

為黑暗中的生命而努力

文／J.K. 羅琳

原文出自《天下雜誌》三九九期，二〇〇八年六月，宋東整理
本文節錄自《晨讀 10 分鐘——世紀之聲演講文集》二〇一一年七月天下雜誌出版

①為準備今天上台演講，我搜索枯腸地問自己，若我是畢業生，今天最想聽到什麼？以及，我大學畢業二十一年來，最大的學習是什麼？答案有二。首先，在諸位歡慶自己學術生涯告一段落的今天，我想跟各位講講「失敗的益處」。其次，在各位跨進社會「現實生活」之前，我想提醒大家「想像力的重要」。

②我畢業後第七年，就經歷過一次「巨大」的失敗。當時，我短暫的婚姻剛結束，沒工作、單親撫養孩子、窮途潦倒，差點就流離失所。我父母當初對我的擔憂，加上我自己對自己的擔憂，一併壓來，那是我一生中最大的失敗。前途一片渺茫，也不知眼前的黑暗隧道還要走多久。但也因為這種徹底的失敗，我反而獲得了一種從恐懼中解脫出來的自由，我知道我還活著，身邊有個深愛的女兒陪著，有台老打字機，有一個可以專心投入的夢想。失敗，讓我產生內在的安全感，讓我學會認清自己，讓我發現自己有堅強的意志、有不錯的紀律、有一群真正的朋友。

③如果時光能倒流，我會跟二十一年前的自己說：人生真正的快樂不是擁有了什麼財富和成就。你的文憑、履歷表，都不能代表你的人生，儘管許多比你老的人都會告訴你，它們是。但生命複雜，而

且不可控制，能愈早看清這個真相，你的生存能力就愈強。

④今天要講的另一個主題是想像力。我要說的不是創新、發明的想像力，而是能設身處地理解他人，想像出他們遭受困境時身心備受煎熬的能力。

我在創作《哈利波特》之前，學到最多有關想像力的經驗，就是我畢業後在「國際特赦組織」倫敦總部工作的經驗。當時，我每天讀到許多從獨裁國家匆匆寫下、偷渡出來的陳情信；看到許多絕望家屬寄來無故失蹤人口的照片；整理許多受虐犯人的自白與照片；此外我的同事，也多半是被關過、失去家園的政治犯。除了認識到世界各地的苦難，這份工作也讓我看到人性中美好的一面。

⑤國際特赦組織的工作，感召千萬名本身沒受過監禁、折磨及苦難的人，挺身為別人的苦難奮鬥。這種由同情、同理心所激發出的群體力量，真是驚人。這群自身飽足、安全的人，願意伸手救助素昧平生的陌生人，是我這輩子最具啟發性的經驗。因為，人類是這個星球上唯一不用親身經歷，就有能力學習、了解別人處境的生物。我們可以設身處地，想像別人處境的這種能力，就像我小說中的魔法一樣，可正可邪。也就是說，人可以用這種能力去操縱、控制別人；也可以用這能力去了解、同情別人。

⑥但也有許多人，根本不願去用這種能力。他們選擇留在自己舒適的經驗裡，對別人的處境從不好奇，也不想知道生長在別種環境的人在想什麼。他們拒絕傾聽從身邊牢籠裡傳來的嘶喊；拒絕知道、看到自己身邊其他受苦的心靈。而你們——二〇〇八年哈佛的畢業生，有多少人願意碰觸別人的人生呢？你們所擁有的聰明、努力、能力，不僅讓你們享有特殊的身分地位，也讓你們

對世界有份特殊的責任。你們屬於當今世上稀有的「超級強權」，你們的政治選擇、生活方式，以及你們反對什麼、承擔什麼，都會產生跨越國界的影響。這是你們的特權，也是你們的負擔。

⑦ 希望你們運用這份特權，為世上沒特權的那批人說說話。要替他們說話，就需要我剛說過的那種「想像力」，你若能設身處地「想像」他們的生命，那麼未來慶賀你的，就不光是你的家人，而是千萬個你幫助過的人。

⑧ 我們無法期待用魔法來改變世界，但我們每個人天生就具備足夠的能量，可以用「想像」幫助人類進入一個更美好的世界。

Q1「能愈早看清這個真相，你的生存能力就愈強」。你認為「真相」是指什麼？
你根據段落幾得到這答案。

A：　真相指的是：

　　　　證據段落：

Q2 你認為作者所說的「想像力」，可以用哪個語詞來替換？並進一步
說明你這樣認為的理由。

A：　想像力的同義詞：

　　　　理由：

＊**Q3** 你認為作者對哈佛畢業生的期許是什麼？並例舉文中證據，支持你的看法。

A：　對哈佛畢業生的期許：

　　　　舉證支持：

Q4 你認為能夠幫助人類進入一個更美好的世界，最主要的關鍵是什麼？並例舉文中證據，支持你的看法。

A： 主要關鍵：

　　　　舉證支持：

Q5 你認為題目「為黑暗中的生命而努力」，「黑暗中的生命」是指哪兩種情況？並進一步說明你這樣認為的理由。

A： 黑暗中的生命是指：

　　　　理由：

QA解答大公開

回答完前面的五個問題後，請參考下列的「答案核心」，
檢查自己的答案是否能掌握答案核心所列舉的重點。
其次參考「參考答案」觀摩其他同學的答案，並進一步反思如何修正自己的答案。
容易誤答的題目，我們也準備了「達人閱讀秘笈」，只要跟著達人的方法，
再重新思考一次，就能快速掌握核心概念，幫助你增強閱讀功力喔！

Q1 「能愈早看清這個真相，你的生存能力就愈強」。你認為「真相」是指什麼？你根據段落幾得到這答案。

答案核心：

真相指的是：人生真正的快樂不是擁有了財富和成就。

證據段落：段落 ③。

參考答案：

真相指的是：
- 人生複雜不可控制，而快樂不是擁有財富和成就。
- 人生真正的快樂不是擁有了許多財富和成就。
- 文憑及履歷表都不足以代表我們的人生。

證據段落：段落 ③。

Q2 你認為作者所說的「想像力」，可以用哪個語詞來替換？並進一步說明你這樣認為的理由。

答案核心：

想像力的同義詞：同理心。

理由：段落 ④：「我要說的不是創新、發明的想像力，而是能設身處地理解他人，想像出他們遭受困境時身心備受煎熬的能力。」

參考答案：

想像力的同義詞：同理心。

理由：
- 文中的「想像力」指的是能設身處地為他人著想，即使自己生在優渥的環境，衣食無憂，前景一片光明，也要有了解那些窮困、未來茫茫之人的能力，並能去關懷，為他們做些什麼。
- 「認識到世界的苦難，願意伸手救助素昧平生的陌生人」。

QA解答大公開

- 在第四段，作者為「想像力」下了自己的定義：是能理解他人處境的能力。她也舉了她在國際特赦組織工作時的體悟：「組織中的人都是因同情、同理而願意救助陌生人」，以及自己運用在作品中的部分，顯示出作者是希望我們「想像」別人的處境，等於「同理」他人。
- 她在國際特赦組織看到「人性美好的一面」，身旁一個個被救出的政治犯，還要感召他人為其他受難的人發聲。
- 作者要我們設身處地，試著為別人的苦難奮鬥。
- 如果她在《哈利波特》一書所要傳達的就是「想像力」，書中各個角色不惜犧牲自己拯救哈利波特也是想像力使然吧！

＊Q3 你認為作者對哈佛畢業生的期許是什麼？並例舉文中證據，支持你的看法。

答案核心：

對哈佛畢業生的期許：利用自己的聰明、能力及努力為世上無法發聲的人出聲。

舉證支持：段落 ⑦ 你若能設身處地「想像」他們的生命，那麼未來慶賀你的，就不光是你的家人，而是千萬個你幫助過的人。

參考答案：

對哈佛畢業生的期許：運用由他們的能力得來的地位、影響力，以身作則，帶動大家替弱勢發聲。

舉證支持：

- 作者在第六段提到哈佛畢業生是具有聰明、努力的特質，也有足夠的能力，而它們會使畢業生們對世界有特殊責任，也就是下一段提到的「運用特權，為其他人發揮」。她希望他們能同理別人的需要，進而利用自己的能量改善世界。
- 「哈佛畢業生」，在大部分大老闆耳裡是「人才」的象徵，也因此這些人才在國際社會中有無法否定的特權，例如：有穩定高薪，可以順利完成夢想，可以 改變政府政策……。但，其他沒有這種特權的人便只能受人壓榨，離夢想越來越遠；如果這些有權有勢的人能有同理心，能了解弱勢地位的人們的需求，並為他們出一臂之力，這些辛苦的民眾或許能少些負擔，或許能安安穩穩的過日子，或許哪天能完成「世界大同」。
- 作者認為人的奇妙之處是不用親身經歷，就有能力了解他人的處境。
- 她認為人只要有人引導，每個人都會願意設身處地替他人著想。
- 有太多人尚未運用「想像力」，不留意他人的困苦，需要有哈佛學生一樣擁用特殊身分地位的人來帶領。

✳ Q4 你認為能夠幫助人類進入一個更美好的世界，最主要的關鍵是什麼？並例舉文中證據，支持你的看法。

答案核心：
主要關鍵：用想像的同理心幫助人類進入一個更美好的世界。
舉證支持：段落 ⑦、⑧ 強調的的就是以同理心幫助人類。

參考答案：
主要關鍵：幫助身旁遭受困境的人。
舉證支持：文末最後一段提到：我們無法用魔法來改變世界，但我們每個人天生就具備足夠的能量，
　　　　　可以用想像幫助人類進入一個更美好的世界。

✳ Q5 你認為題目「為黑暗中的生命而努力」，「黑暗中的生命」是指哪兩種情況？並進一步說明你這樣認為的理由。

答案核心：
黑暗中的生命是指：
1. 面臨失敗的自己。
2. 處在逆境中的他人。
理由：
在首段，作者就有提到她想分享的是「失敗的益處」及「想像力的重要」，之後她也分別舉例並說明
自己的想法。前者舉的例子是作者自己的失敗，那是一生中的最大失敗。後者舉的例子是說希望哈佛
畢業生能以「想像力」同理他人的苦衷，並憑著力量帶他們走出黑暗。

參考答案：
黑暗中的生命是指：
1. 生命的失敗的時候。
2. 受到監禁、折磨及苦難的人。
理由：
第一種是人生經歷挫折時，不知所措的黑暗。第二種是世界上的黑暗面，使人遭受苦難折磨。

全球人口突破七十億

本文節錄自《天下雜誌》四八四期，吳怡靜編譯

① 全球人口從六十億暴增到七十億，只花了十二年的時間。愈來愈多人擔心地球超載，要求降低生育率。但光是少生小孩，解決不了地球的問題。

② 一九八〇年，經濟學家朱利安・賽門和生物學家保羅・埃利希之間，有過一場著名的打賭。寫過《人口爆炸》一書的埃利希預言，未來十年，銅、鉻、鎳、錫、鎢這五種金屬的價格會上漲，賽門卻認為價格會下跌。雙方分別代表了兩大陣營的對壘：相信人口成長會導致資源匱乏、價格上升的「馬爾薩斯派」及 相信人口雖然成長，但新資源及新技術的開發，會使價格下跌的「聚寶盆派」。結果十年後，這五種金屬的價格不漲反跌，賽門獲勝。而且從九〇年代起，世界經濟蓬勃發展，但人口的成長卻開始放緩，馬爾薩斯派的悲觀論因此銷聲匿跡。

③ 但如今（二〇一一年），馬爾薩斯派又捲土重來。全球第七十億人口即將在十月三十一日誕生，而一九九九年出生的第六十億人口、波士尼亞男孩阿得南・納維奇，現在才剛滿十二歲。要是賽門和埃利希把打賭的期限，延後到今天，獲勝的就會是埃利希。

④ 隨著糧價飆漲、環境惡化，許多人再度擔心地球過度擁擠，要求降低人口成長，別再破壞生態。他們的主張正確嗎？其實，大部

份地區的生育率，早就在下滑，全世界已有超過八成的人口，都住在生育率不到三的國家。這並不是政府強行管制，而是社會現代化、人民普遍想要小家庭的結果。如果由政府強制降低生育率，往往會帶來惡果。例如，中國的一胎化政策，不僅侵犯人權，還帶來了人口災難。但基本上，降低生育，有助於經濟成長和社會發展，也能減輕對環境、糧食的壓力。世界銀行就估計，全球人口如果在二〇五〇年衝破九十億，必須增加 70%的糧食產量。但是，成長的速度如果能持平，就只需增加四分之一的產量。

⑤ 不過，值得注意的是，全球人口增加最快的地方，並不是製造地球暖化的元兇，因為世界上最貧窮的前 50%的人口，只產生了全球 7%的碳排放；而最富有的前 7%的人口，卻製造了全球 50%的二氧化碳。所以，人口成長帶來的環境問題，主要來自於中國、美國、歐洲等國家。光是降低非洲國家的生育率，解決不了地球暖化。所以，推行家庭計劃，鼓勵高生育率國家縮小家庭規模，儘管仍有必要，但是，絕不能用來取代其他合理的環境政策，例如，碳稅。

Q1 作者認為「全球人口從六十億暴增到七十億，只花了十二年的時間」。請從段落 ③ 舉例證據，支持他的看法。

A：

Q2 作者認為「賽門和埃利希如果把打賭的期限，延後到二○一一年，獲勝的就是埃利希」。請說明理由，支持他的論點。

A：

＊**Q3** 閱讀上文後，建民及阿芳進行討論。

建民：我認為作者主張「社會現代化」後，人民會主動少生小孩，就能降低生育率，減輕環境、糧食的壓力。

阿芳：我認為作者不是主張用「社會現代化」，減輕環境壓力，而是主張合理的環境政策。因為……

現在請幫忙為阿芳，尋找一個理由，來支持她的看法。

A：

Q4 作者認為「光是少生小孩，解決不了地球問題」，請你從文中找二個具體數據，支持他的看法。

A：

Q5 減緩地球暖化現象，作者認為哪些措施較為有效？你根據結論的何種線索，得到這個答案？

A：有效措施：_____

_____

支持證據：結論中的_____讓我得到這個答案

QA解答大公開

回答完前面的五個問題後，請參考下列的「答案核心」，
檢查自己的答案是否能掌握答案核心所列舉的重點。
其次參考「參考答案」觀摩其他同學的答案，並進一步反思如何修正自己的答案。
容易誤答的題目，我們也準備了「達人閱讀秘笈」，只要跟著達人的方法，
再重新思考一次，就能快速掌握核心概念，幫助你增強閱讀功力喔！

Q1 作者認為「全球人口從六十億暴增到七十億，只花了十二年的時間」。請從段落 ③ 舉例證據，
支持他的看法。

答案核心：
- 一九九七年出生第六十億人口，二〇一一年第七十億人口誕生，中間共十二年。
- 二〇一一年第七十億人口即將誕生，而第六十億人口阿得南‧納維奇當年是十二歲。

Q2 作者認為「賽門和埃利希如果把打賭的期限，延後到二〇一一年，獲勝的就是埃利希」。請說明
理由，支持他的論點。

答案核心：
- 因為一九九〇年後，人口快速增加。
- 因為二〇一一年的資源價格與一九九〇年相比上漲很多。

參考答案：
- 因為二〇一一人口增加到七十億，資源逐漸匱乏，必定導致物價上漲，所以埃利希的主張就會獲勝。
- 因為人口增加，會使資源供不應求，所以埃利希的主張會獲勝。
- 因為就算新資源及新技術開發再厲害，但人口增加太快，所以資源匱乏也會日益嚴重，最後資源與
  技術開發跟不上腳步，埃利希的主張就會獲勝。

*Q3 閱讀上文後，建民及阿芳進行討論。
建民：我認為作者主張「社會現代化」後，人民會主動少生小孩，就能降低生育率，減輕環境、糧食
　　　的壓力。
阿芳：我認為作者不是主張用「社會現代化」，減輕環境壓力，而是主張合理的環境政策。因為……
　　　現在請幫忙為阿芳，尋找一個理由，來支持她的看法。

答案核心：
- 富裕國家（社會現代化）糟蹋糧食，污染環境，人民少生小孩也不能減輕環境、糧食的壓力。
- 人口增加最多的地區，不是環境污染最嚴重的地區。

Q4 作者認為「光是少生小孩，解決不了地球問題」，請你從文中找二個具體數據，支持他的看法。

答案核心：

1. 世界最貧窮的前 50% 的人口，製造全球 7% 的碳排放。
2. 世界最富有的前 7% 的人口，製造全球 50% 的碳排放。

Q5 減緩地球暖化現象，作者認為哪些措施較為有效？你根據結論的何種線索，得到這個答案？

答案核心：

有效措施：合理的環境政策如碳稅。

支持證據：結論中的「推行家庭計劃，鼓勵高生育率國家縮小家庭規模，儘管仍有必要，但是，絕不能用來取代其他合理的環境政策，例如，碳稅」讓我得到這個答案。

錯誤答案：

有效措施：

● 縮小家庭規模。
● 家庭計劃。
● 人口自然減少。

支持證據：

● 最富有的前 7% 人口，製造 50% 的二氧化碳。
● 因為製造二氧化碳愈多付錢愈多。
● 我支持要對歐美中國收碳稅，以減少它們的排放量。

達人閱讀秘笈

Q5 這一個挑戰題如果你沒有答對答案核心，很有可能是因為不清楚什麼是作者主張，什麼是線索！你可以透過以下的幾個問題點，逐步的找出問題的答案，釐清困難。

1 先斷句，並畫出重點。

　　不過，值得注意的是，全球人口增加最快的地方，並不是製造地球暖化的元兇，因為世界上最貧窮的前 50% 的人口，只產生了全球 7% 的碳排放；而最富有的前 7% 的人口，卻製造了全球 50% 的二氧化碳。

　　所以，人口成長帶來的環境問題，主要來自於中國、美國、歐洲等國家。

　　光是降低非洲國家的生育率，解決不了地球暖化。

　　所以，推行家庭計劃，鼓勵高生育率國家縮小家庭規模，儘管仍有必要，但是，<u>絕不能用來取代其他合理的環境政策</u>，例如，碳稅。

2 作者認為人口增加最快的地方，不是製造地球暖化的元兇。他的證據是什麼？→世界上最貧窮的前 50% 的人口，只產生了全球 7% 的碳排放；而最富有的前 7% 的人口，卻製造了全球 50% 的二氧化碳。

3 製造地球暖化的元兇是什麼地區？→中國、美國、歐洲。

4 人口增加最快的地區？→非洲。

5 降低非洲出生率，能不能解決地球暖化問題？→不能，因為暖化問題的元兇是中國、美國、歐洲。

6 作者認為如何讓中國、美國、歐洲，減少碳排放？→徵收碳稅。

7 找一找「碳稅」出現在哪裡？→文章最後。

8 碳稅和什麼作比較？→縮小家庭規模。

9 碳稅和縮小家庭規模，對減少碳排放哪個較重要？→碳稅。

困難釐清 作者對有效減緩地球暖化的主張是徵收碳稅，你的線索是「碳稅比縮小家庭規模重要」。

Part / 4
綜合能力大挑戰 ①

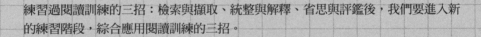

練習過閱讀訓練的三招：檢索與擷取、統整與解釋、省思與評鑑後，我們要進入新的練習階段，綜合應用閱讀訓練的三招。

在這一個單元裡，總共有五篇不同類型的文章，請你先從第一篇讀起，閱讀時順手把看到的重點用鉛筆圈出來。接著，找全文主題，再統整文本重點。再根據文本重點，尋找作者如何描述這些重點。最後想一想你對內容或形式，有沒有自己的看法？這個看法能不能自圓其說，說服別人？

先完成上述三階段的思考，再回答「**閱讀闖關 Q A Time**」的五個問題，試試你的綜合指數有多高喔！

註：問題前面如果有 * 的符號，表示它是較難的試題，* 愈多表示問題愈難。

文章 ① 圖表類閱讀：臺灣環境總體檢圖

文章 ② 知識類閱讀：閱讀使你爬上巨人的肩膀　　　文／洪蘭

文章 ③ 文學類閱讀：「弓山艦長」旅店　　　文／史蒂文生

文章 ④ 知識類閱讀：康熙、臺北、湖　　　文／趙丰

文章 ⑤ 文學類閱讀：說故事的人　　　文／沙奇

臺灣環境總體檢圖

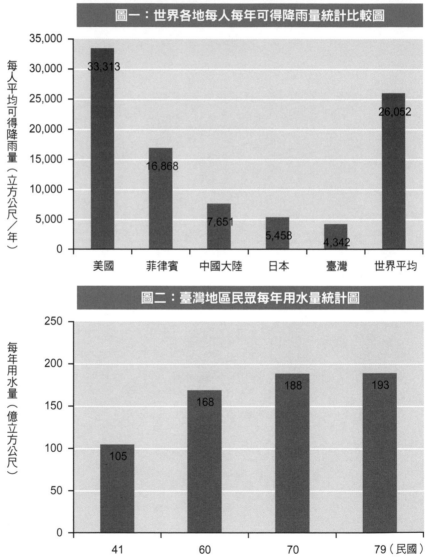

圖一：世界各地每人每年可得降雨量統計比較圖

每人平均可得降雨量（立方公尺／年）

- 美國 33,313
- 菲律賓 16,868
- 中國大陸 7,651
- 日本 5,458
- 臺灣 4,342
- 世界平均 26,052

圖二：臺灣地區民眾每年用水量統計圖

每年用水量（億立方公尺）

- 41　105
- 60　168
- 70　188
- 79（民國）　193

註：臺北市轄區面積 271 平方公里。

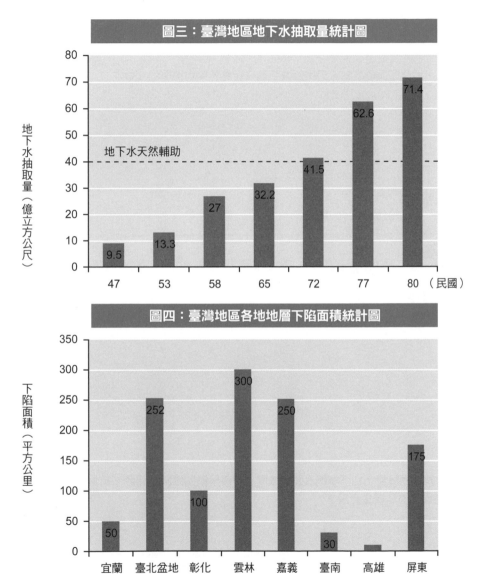

Q1 根據圖 1，解釋哪個國家每人分得的降雨量只有世界平均標準的 1/6？

A：

＊**Q2** 根據圖 2，說出民國 40 年到 80 年，臺灣地區用水量的主要趨勢？
（分析趨勢不必寫出數字）

A：

Q3 根據圖 3，找一找臺灣「地下水進入超量抽取」的最早時間應該是何時？結合圖 4，
解釋地下水超抽所造成的危機是什麼？

A：

Q4 根據圖 4，解釋地層下陷面積，雲林是宜蘭的幾倍？

A：

Q5 如果想讓「地下水超抽造成地層下陷」的結論更具說服力，你認為圖 4 要加上哪個因素的說明？並進一說明理由，支持你的看法。

A： 我的看法：

理由：

回答完前面的五個問題後，請參考下列的「答案核心」，
檢查自己的答案是否能掌握答案核心所列舉的重點。
其次參考「參考答案」觀摩其他同學的答案，並進一步反思如何修正自己的答案。

Q1 根據圖 1，解釋哪個國家每人分得的降雨量只有世界平均標準的 1/6 ？（為什麼──解釋概念）

答案核心：臺灣。

Q2 根據圖 2，說出民國 40 年到 80 年，臺灣地區用水量的主要趨勢？（說出主要的）

答案核心：逐年增加。

參考答案：

● 40-60 年，增加速度最快。

● 60-79 年增加速度減緩。

Q3 根據圖 3，找一找臺灣「地下水進入超量抽取」的最早時間應該是何時？結合圖 4，解釋地下水超抽所造成的危機是什麼？（找一找，為什麼──解釋概念）

答案核心：

1. 最早時間：72 年或 73。

2. 造成危機：地層下陷。

Q4 根據圖 4，解釋地層下陷面積，雲林是宜蘭的幾倍？（為什麼──解釋概念）

答案核心：6 倍。

Q5 如果想讓「地下水超抽造成地層下陷」的結論更具說服力，你認為圖4要加上哪個因素的說明？並進一說明理由，支持你的看法。（你認為）

答案核心：

我的看法：增加各地區地下水抽取量的說明。

理由：必須加入各地區地下水抽取量，才能根據地下水抽取量與地層下陷面積的關係，讓讀者相信地下水超抽造成地層下陷。

參考答案：

我的看法：增加各地區地下水抽取量的說明。

理由：

● 地下水總抽取量無法證明是造成各地地層下陷的主因，必須加上各地抽水量才能對照地層下陷是否與地下水抽取量成正比。

● 因為如果地下水抽取多，地層下陷面積就大，這樣就可以證明。

● 如果雲林地下水超抽量也是各地最多，就能證明兩者的關係。

閱讀使你爬上巨人的肩膀

文／洪蘭

原文出自《講理就好》，二○○五年九月遠流出版
本文節錄自《晨讀 10 分鐘—論情說理說明文選》，二○一二年八月天下雜誌出版

① 我們吸取外界知識一般來說有兩個管道：聽和看，因為聽覺是時間性的，時間流過去，聲波就消失。因此，除非大腦中已有背景知識的架構，可以捕捉這些聲波，使它意義出現，不然有聽沒有見，好像在聽外國人講外國語一樣，雖然很努力聽仍然無法重複。一般俗語所說的「鴨子聽雷」指的便是這個現象，因為不了解意義，聽過聲波消失後，無法在大腦留下記憶的痕跡。（對於記憶的處理，一般可以分為工作記憶和長期記憶，訊息經過工作記憶的處理後，轉存入長期記憶，而工作記憶需要動用到先前的背景知識或認知架構，來幫忙處理新的訊息。）

② 視覺是空間性的，閱讀比聽講更能夠吸收較多的知識，原因是文字不會像聲音一樣消失，碰到文意不懂時，眼睛可以回去再看，這使訊息的吸收可以依照自己的步調進行。這是為什麼，聽演講時最能夠看出一個人對某個領域的功力，一般來說教授聽的比博士班學生多，博士班又聽的比碩士班學生多，而大學生聽專業演講大約只能聽到兩三成。在這裡，我們清楚的看到背景知識的重要性，它提供我們鷹架，讓後來的知識可以往上爬，進入它應該放置的位置。這也是為什麼我們的學習不是一個連續性的曲線，而是學習到某一個程度時豁

然貫通，使自己提昇到另一個境界，也就是心理學所謂的頓悟——當所有的知識都放入恰當的背景架構中時，一幅完整的圖像才會浮出，我們才會恍然大悟，原來先前這些知識彼此的關係是這樣的，原來這個主題真正的意義在這裡。於是這個主題的知識便被內化成為你所了解的東西，可以經由你自己的口，說出來給別人聽了。這個知識即使改變成很多不同的形狀，你還是認得它，不會被外表的形狀所蒙蔽，你自己也能任意變換描述它的方式而不失真。這就是為什麼真正懂的人，可以深入淺出的把一個困難的概念講得別人聽得懂，而半瓶醋的人往往說得天花亂墜，聽的人卻覺得不知所云。

③ 在研究所裡，我們常叫學生上臺作報告，當一個學生可以不看講稿、侃侃而談時，他所講的是已被他自己吸收、內化了的知識。在學習上，我們深切希望能做到這一點，因為一個死記背誦而來的知識是無法轉換的，而一個無法轉換的知識是無法觸類旁通、引發新的知識的。知識的不足，使得我們的學生無法達到批判性思考的地步或做出獨立判斷的能力，假如你不知道別人講得對不對，如何做出任何的判斷？假如你不知道這件事情的來龍去脈，如何對它提出批判性的思考？

④ 目前我們的社會上充滿盲從、人云亦云的現象，最基本的原因就是我們國民的知識不夠，不足以作有智慧的判斷。這點是目前大力推動閱讀的最主要原因，要使臺灣成為科技島，國民的基本常識一定要提高，而閱讀，便是提昇這個能力最簡便、最快捷的方式。

⑤ 閱讀的好處不只是它打開了一扇通往古今中外的門，讓你就你自己的時間、自己的步調在裡面翱遊，它同時可以刺激大腦神經的發展，使你的大腦

不會退化。最近的研究發現，義大利北部文盲和讀過五年書的老人，在阿茲海默症（老人失智症）上的比例是十四比一，也就是說，讀過幾年書、可以看報紙的人，得阿茲海默症的機率比不認得字的人少了十四倍。十四倍在醫學上是個很大的差距，有沒有動腦筋造成這個差別，是因為大腦的神經元基本上是用進廢退。從猴子的實驗中我們發現，當把小猴子的中指頭切去，原來掌管中指的神經，便會朝兩邊伸過去掌管食指和無名指了；一個人的手臂出意外鋸掉以後，原來的手的神經便會伸到別的部門去管別人的事，神經是不會無所事事的。一個沒有與其他的同步發射過的神經元會被修剪掉。閱讀時，每一個字會激發其他的字，會聯想到過去的經驗，你的神經會像骨牌效應一樣，一個牽動一個，發射起來形成綿密的神經網路。

閱讀闖關 QAtime!

閱讀完上面的文章，
請回答以下五個題目，
看看你的綜合能力有多高？

Q1 為什麼會有「鴨子聽雷」的現象？

A：

Q2 為什麼聆聽專業演講，最能看出某人在該領域的功力？

A：

Q3 根據段落 ②，將下面內容，用 1.2.3……依序排列「知識由學習而理解而內化的過程」。

A：　☐ 學習知識

　　　☐ 形成完整圖像

　　　☐ 新知識放入背景架構中

　　　☐ 深入淺出的說明

Q4 找一找閱讀可以得到的三樣好處是什麼？

A：

* **Q5** 閱讀上文後，小美與小麗進行討論。
小美：我同意作者說：「避免人云亦云的盲從，最簡便、快捷的方式就是閱讀。」因為……
小麗：你這樣說，還蠻有道理的。
請為小美補上她的理由。

A：因為閱讀可以先獲得（＿＿＿＿＿＿＿＿＿），進一步利用知識建立事件（＿＿＿＿＿＿＿＿＿＿）

的關係，做為（＿＿＿＿＿＿＿＿＿）的依據。

Q_A解答大公開

回答完前面的五個問題後，請參考下列的「答案核心」，
檢查自己的答案是否能掌握答案核心所列舉的重點。
其次參考「參考答案」觀摩其他同學的答案，並進一步反思如何修正自己的答案。

Q1 為什麼會有「鴨子聽雷」的現象？（為什麼—解釋原因）
答案核心：因為不了解意義，所以聲波消失後，大腦無法留下記憶的痕跡。

參考答案：
- 沒有背景知識架構，所以不了解涵義。
- 因為不了解意義，聽過後無法記住。

Q2 為什麼聆聽專業演講，最能看出某人在該領域的功力？（為什麼—解釋原因）
答案核心：聽演講無法停下來，依照自己的步調吸收訊息，所以背景知識愈豐富，功力愈強，愈能聽懂專業演講的內容。

參考答案：因為無法停下來，所以專業背景愈豐富愈能聽懂演講內容。

Q3 根據段落 ②，將下面內容，用 1.2.3……依序排列「知識由學習而理解而內化的過程」。（為什麼—排列順序）
① 學習知識
③ 形成完整圖像
② 新知識放入背景架構中
④ 深入淺出的說明

QA解答大公開

Q4 找一找閱讀可以得到的三樣好處是什麼？（找一找）

答案核心：

- 在古今中外的時空任意翱翔。
- 避免大腦退化。
- 形成綿密的神經網路。

參考答案：

- 廣泛吸取古今中外知識。
- 提高基本知識。
- 降低阿茲海默症機率。
- 刺激大腦神經發展。

Q5 閱讀上文後，小美與小麗進行討論。

小美：我同意作者說：「避免人云亦云的盲從，最簡便、快捷的方式就是閱讀。」因為……。

小麗：你這樣說還蠻有道理的。

請為小美補上她的理由。（你認為）

答案核心：

因為閱讀可以先獲得（　　**廣泛知識**　　），進一步利用知識，建立事件（　　**來龍去脈**　　）的關係，做為（　　**獨立判斷**　　）的依據。

參考答案：

因為閱讀可以先獲得（　　**知識**　　），進一步利用知識，建立事件（　　**先後（前後）／相互對應／彼此之間／因果**　　）的關係，做為（　　**判斷事情／判斷／批判性思考／判定是非**　　）的依據。

「弓山艦長」旅店

文／史蒂文生

本文節錄自《金銀島》，二〇〇九年五月天下雜誌出版

　　①話說一位臉上有著刀疤、膚色暗沈的老船員，初次到我們店裡來投宿。

　　②想起這個人，一切就好像昨天才發生似的。一個高大結實、皮膚黝黑、腳步沉重的人吃力地走進旅館，身後跟著一個傢伙推著一輛手推車，上面放著他的水手衣物箱。此人辮子塗染焦油，垂在汙髒的藍外套上，一雙粗手布滿了傷痕，指甲矬陋又銜著一圈汙垢，劃過他半邊臉頰的刀疤現出骯髒、泛青的白色。我記得他一邊環顧著門外的小海灣，一邊吹著口哨，然後突然唱起一首後來他常唱的水手歌謠——十五個人在死人的大木箱上——唷呵呵，還有一瓶甜酒！

　　那尖銳、不穩定的音調，像是舵手在轉動絞盤桿時，跟著節拍喊出來的聲音。他用手上一根看似拐杖的細棍棒，不斷敲打著門。當我父親應門時，他只是老實不客氣地叫了一杯甜酒。酒送到他面前後，他像品味般地慢慢啜飲著，一面往外看著海邊的峭壁和我們的招牌。

　　③「很便利的海灣，」他終於開口說話，「這家酒吧開在這裡真不錯。客人多嗎？老兄。」

　　我父親告訴他：「可惜得很，客人並不怎麼多。」

　　「那麼，」他說：「我就暫時在這裡落腳了。嘿，你，小弟，」

他喊那個推手車的,「把我的大木箱搬進來,我要在這裡住上一陣子,」他繼續說,「我這個人很好打發,只要甜酒、熏肉、蛋,還有那上頭的海岬能讓我看看過往的船隻就可以了。你該怎麼稱呼我呢?就叫我船長好了。喂!你怎麼還杵在那裏。」他丟了三四塊金子在門口。「花完了,就告訴我一聲。」他一副兇巴巴的模樣,就像個司令官。

④ 他生性沉默寡言,白天只在海灣附近徘徊,或拿著黃銅製的望遠鏡到峭壁上。晚上則坐在大廳壁爐旁的角落,猛灌摻水的甜酒。

⑤ 通常有人跟他搭訕時,他是不會回話的,只會兇狠狠地突然抬起頭,鼻子裡粗而低沉的哼了一聲。很快地,我們和進出店裡的人都知道最好離他遠一點。而他每天閒逛回來之後,都會問一下有沒有什麼水手路過。剛開始我們以為他是缺少同伴才會這麼問,可是後來我們才發現他是希望避開他們。每當有水手到「弓山艦長」投宿(他們之所以會光顧,可要拜通往布里斯托那條路之賜),他總是在水手進入大廳之前,偷偷從門簾後觀看。即使是類似的人出現,他也一定安靜得像老鼠似的。但這種情況至少對我而言並沒什麼好驚奇的,因為就某方面來看,我也正在分擔著他的疑慮。有一天他把我叫到一旁,答應在每月初一給我一塊四便士的銀子,希望我提高警覺,萬一有位「獨腳水手」出現時,就得馬上告訴他。然而往往快到月初時,我向他要薪水,他只會瞪著我,不屑地對我嗤之以鼻。可是不消一星期,他一定會改變主意,又拿來銀子給我,然後再是提醒我要留意「獨腳水手」。

⑥ 船長跟我們住的期間,除了向街頭小販買幾雙襪子之外,服裝上從沒做過什麼改變。他的帽緣一部分脫落下來,晃來晃去的很煩人,可是他卻毫不

在乎。我一直記得他那件外套的樣子，他在自己二樓的房間裡縫補，亂七八糟的針腳處處可見。他從來不寫信，也沒收過信。除了喝醉時會跟其他房客閒扯之外，從不輕易跟任何人交談，大半時候只會埋頭喝酒。我們也都沒見過他打開那口巨大的水手箱。

⑦ 不過倒是有一次目睹他被人教訓了一頓。那時我父親已病入膏肓，一天傍晚，利夫西醫生來為我父親看病，用了我母親做的晚餐後，他就到大廳抽菸斗，等人把他的馬從村子裡牽來，因為我們沒有馬廄可以安置馬。我還記得當時醫生衣冠楚楚，眼睛炯炯有神，神情愉快且安詳的模樣，更彰顯了在座幾位鄉下人的庸俗，尤其是我們那位破爛如稻草人似的海盜頭子，仍然邋遢臃腫又醉醺醺地趴在桌上。突然，船長扯開嗓門唱起那首老調：

十五個人在死人的大木箱——喲呵呵，還有一瓶甜酒！沉醉吧！其他人的命斷送在魔鬼手裡——喲呵呵，還有一瓶甜酒！

⑧ 起先我以為「死人的大木箱」就是樓上那口大箱子，而這念頭在我的惡夢裡常跟獨腳水手混在一起。這時候我早已經對那首歌沒什麼感覺了，可是利夫西醫生還是頭一次聽到。顯然醫生並不喜歡這支歌，因為他只生氣地抬頭看了一下，立刻又繼續告訴園丁老泰勒風濕的新療法。就在同時，船長愈唱愈大聲，並且還拍起桌子來，我們都知道那是他要大夥兒閉嘴的表示。所有人便立刻靜了下來，但利夫西醫生依舊繼續說話、吸菸斗。於是船長瞪了他一會兒，又再次拍桌子，最後終於破口大罵：「那邊的人，聽著，閉嘴！」

「你在指我嗎？先生？」醫生說。當兇惡的船長又咆哮了一陣後，醫生接著說：「先生，我要告訴你，如果你再不戒酒的話，很快地就會有一個無賴從

世上消失。」

⑨ 老傢伙聽了，氣得跳了起來，手裡握著一把打開了的水手刀，威脅著要將醫生釘到牆上去。醫生不但不為所動，還回過頭以同樣的語調，提高了嗓門對船長說話，這下屋裡的每個人都聽得見他的話了。他十分鎮定且堅決地說：「如果你再不馬上將刀子收進口袋的話，我以人格擔保，下次審判會，就是你上絞刑檯了。」

⑩ 接著兩人互相瞪視了對方好一陣子，不久船長便屈服了，他放下武器回到座位去，一邊像隻挨了揍的狗直咕噥著。

「現在，」醫生繼續說道：「既然知道在我轄區內有你這號人物，我會隨時注意你。你要知道，我不只是醫生，還是治安法官。假如讓我聽到有關你的壞話，即使只是像今晚這樣魯莽的行為，我也一定會逮到你，把你從這裡給踢出去。我的話就到此為止。」

⑪ 一會兒，利夫西醫生的馬被牽到門口，他隨即就離開了。那晚，船長沒有再吭一聲，接下來好幾個晚上也都是這樣。

閱讀闖關 QAtime!

閱讀完上面的文章，
請回答以下五個題目，
看看你的綜合能力有多高？

Q1 說出上文主要的重點。

A：（　　　　）投宿（　　　　　　）的經過。

Q2 你認為這個老水手是個怎樣的人？請從段落 ②，舉例證據，支持你的看法。

A：

Q3 老水手雖然在旅館中橫行霸道，但他的內心其實充滿恐懼。請從段落 ⑤，舉例兩個證據，支持這個看法。

A：

Q4 老水手為什麼在醫生離開後，連續好幾天不敢再放肆唱歌，拍桌罵人？

A：

Q5 讀完上文，小偉提出他的看法：「我認為作者對老水手的描寫很生動。」請幫他說明理由，支持看法。

A：

QA解答大公開

回答完前面的五個問題後，請參考下列的「答案核心」，
檢查自己的答案是否能掌握答案核心所列舉的重點。
其次參考「參考答案」觀摩其他同學的答案，並進一步反思如何修正自己的答案。

Q1 說出上文主要的重點？（說出主要的）

答案核心：老水手（船長）投宿旅館（弓山艦長）的經過。

*Q2 你認為這個老水手是個怎樣的人？請從段落 ②，舉例證據，支持你的看法。（你認為）

	老水手是個怎樣的人	理由
答案核心	骯髒	辮子塗染焦油，垂在汙髒的藍外套上，一雙粗手布滿了傷痕，指甲烒陋又銜著一圈汙垢，劃過他半邊臉頰的刀疤現出骯髒、泛青的白色。
	沒有禮貌	●他用手上一根看似拐杖的細棍棒，不斷敲打著門。 ●當我父親應門時，他只是老實不客氣地叫了一杯甜酒。
	●喜歡喝酒 ●吹口哨唱歌	●一邊吹著口哨，然後突然唱起一首後來他常唱的水手歌謠。 ●他像品味般地慢慢啜飲著。
參考答案	粗獷、邋遢、不修邊幅	辮子塗染焦油，垂在汙髒的藍外套上，一雙粗手布滿了傷痕，指甲烒陋又銜著一圈汙垢，劃過他半邊臉頰的刀疤現出骯髒、泛青的白色。

困難釐清 同學多數只觀察到外表特色，較少觀察動作，可多提醒同學仔細觀察。

Q3 老水手雖然在旅館中橫行霸道，但他的內心其實充滿恐懼。請從段落 ⑤，舉例兩個證據，支持這個看法。(你認為)

答案核心：
- 每天閒逛回來之後，都會問一下有沒有什麼水手路過，希望避開他們。
- 每當有水手到「弓山艦長」投宿他總是在水手進入大廳之前，偷偷從門簾後觀看，安靜得像老鼠似的。
- 答應在每月初一給我一塊四便士的銀子，希望我提高警覺，萬一有位「獨腳水手」出現時，就得馬上告訴他。
- 提醒我要留意「獨腳水手」。

參考答案：
- 每當水手進入大廳前，他總在門簾後偷偷觀看。
- 關心水手投宿。
- 萬一「獨腳水手」出現時，得馬上告訴他。
- 願意付錢「獨腳水手」的消息。

Q4 老水手為什麼在醫生離開後，連續好幾天不敢再放肆唱歌，拍桌罵人？(為什麼—解釋原因)

答案核心：被警告這樣魯莽的行為會被趕走。

參考答案：水手想留在酒吧裡，不想被趕走。

Q5 讀完上文，小偉提出他的看法：「我認為作者對老水手的描寫很生動。」請幫他說明理由，支持看法。(你認為)

答案核心：具體描繪出動作、外貌、行為，使人對他印象深刻。

參考答案：
- 細膩刻畫水手的動作、樣貌，並藉與他人的互動，凸顯此人性格。
- 細膩描出水手每一個動作和表情，用看的就可想出水手的樣子。
- 深入描寫老水手的模樣和細節，用了很多詞句來形容。
- 開頭便清楚描寫了老水手的外形，故事中對於老水手的生活也描寫的很具體。
- 與人的互動都有詳細的敘述，而老水手的心情似乎是為後文做的伏筆。

康熙、臺北、湖

文／趙丰

原文出自《科學人月刊》第三十四期

本文節錄自《晨讀 10 分鐘－論情說理說明文選》，二○一二年八月天下雜誌出版

①康熙三十五年（一六九六年），福建福州火藥庫失火，焚毀硝磺火藥五十餘萬噸。時任閩知府幕僚的郁永河自動請纓，前往臺灣北投採硫磺補充府庫。他於次年二月由廈門乘船出發，到達臺南安平，招募工人，乘「笨車」一路北上，到達北投後駐地採硫、煉硫，至十月返回福建。《裨海紀遊》詳實生動地記述他在臺灣的所見所聞，也側記了臺灣當時的風土民情，成為了解臺灣早期歷史的珍貴史料。

②書中記述他們北行到達當時臺北盆地的情形：沿海岸邊到八里，藉原住民的獨木舟，渡「水廣五六里」的淡水河口。在淡水整頓數日後，於五月朔，「共乘海舶，由淡水港入，前望兩山夾峙處，曰關渡，水道甚隘。」接著他說：「入關渡，水忽廣，漶為大湖，渺無涯涘。」行十許里，有茅廬凡二十間，皆依山面湖，在茂草中，張大為余築也。」而且「淺處猶有竹樹梢出水面，三社舊址可識。滄桑之變，信有之乎？」

③可見今日百里洋場、萬戶鄰比的臺北市，當時是個大湖。 更確切地說，這個「康熙臺北湖」是個半封閉型的海灣！ 而且顯然是不久前才形成的（竹梢還露出水面呢）。但是《裨海紀遊》並沒有提到會造成臺北盆地大淹水的雨澇，同樣的推理，可以排除大湖是颱風

甚或海嘯後遺的結果。

④那有可能是堰塞湖嗎？地質事件偶爾會造成短暫性的堰塞湖，例如地震抬升或特大山崩或大屯火山岩流正好把淡水河口堰塞住，圈留河水成為大湖？然而臺北地區並沒有這類事件的跡象或證據；更明確的，既然舟行可以直接從外海平靜進入，顯然就不是上溯進入堰塞湖的場景。

⑤會不會是海平面突然上漲，把臺北盆地淹成了海灣湖？也不可能。全球海平面在近幾千年裡基本持平，並沒有過此種現象。再說海平面上升是全球性的，不會是發生在臺北盆地的單一事件。

⑥那麼「康熙臺北湖」究竟是怎麼回事？答案其實就寫在郁永河的書中，幾句生動而清楚的對話：接待郁永河一行人的淡水社長張大說：「此地（指臺北盆地）……甲戌（一六九四年）四月，地動不休，番人怖恐，相率徙去，俄陷為巨浸，距今不三年耳。」

⑦遺憾的是，《裨海紀遊》寫的這一段竟是有關那次大地震唯一能找到的文獻記載。康熙年間，臺灣初歸清朝版圖（隸屬福建），還沒建立地方誌，加上當時的北部仍處於漢文化莫及的「化外」之區，地震再大、海浸再廣，都沒有造成災情，以致清宮檔案裡對此找不到隻字片語。地方行政官員常向朝廷反映地方災情、申請賑災款的奏摺裡亦闕如。至於福建或浙江沿海地區的地方誌，也都沒有記載，這是可以理解的，因為這次地震規模不是特別大，且震央距離大陸沿海地區畢竟還遠，沒有造成災害。

⑧「康熙臺北湖」倒是在正式歷史文件中曾再次出現：康熙五十六年（一七一七年）《諸羅縣志》山川總圖裡的臺北盆地，是個西廣東狹的海灣，繞過

灣口的關渡與外海相連，與《裨海紀遊》的描述完全一致。隨後的《雍正臺灣
輿圖》也清楚描繪臺北當時完全是個海灣湖，但很快的，臺灣一向劇烈的侵
蝕、沉積作用，不到五十年就將斜陷數公尺的低地淤平了。乾隆六年（一七四
一年）《重修福建臺灣府志》圖和後來的各款地圖裡，湖已不復見，僅剩淡水
河道了──反倒是與「康熙臺北湖」形成前的《康熙臺灣輿圖》一致。

▲臺北簡圖

閱讀闖關 QA time!

Q1 找一找《裨海紀遊》的歷史價值是什麼？

A：

＊＊Q2 找一找形成「康熙臺北湖」的三種可能？
解釋作者對這三種可能的論斷。

A： 形成的三種可能 _____

作者對這三種可能的論斷 _____

＊Q3 根據「甲戌四月，地動不休，番人怖恐，相率徙去，俄陷為巨浸，距今不三年耳。」及臺
北簡圖的標示。你認為當臺北盆地沿著「山腳斷層」向西傾斜數公尺時，為什麼會形成大湖？
並說明理由，支持你的看法。

A：

Q4 康熙時臺北盆地陷落，為什麼清宮的檔案資料沒有記載？

A：

Q5 根據段落 ⑧，為下列書籍的成書時間，排列先後順序。

A：　☐《雍正臺灣輿圖》

　　　☐《重修福建臺灣府志》

　　　☐《諸羅縣志》

　　　☐《裨海紀遊》

　　　☐《康熙臺灣輿圖》

QA 解答大公開

回答完前面的五個問題後，請參考下列的「答案核心」，
檢查自己的答案是否能掌握答案核心所列舉的重點。
其次參考「參考答案」觀摩其他同學的答案，並進一步反思如何修正自己的答案。

Q1 找一找《裨海紀遊》的歷史價值是什麼？（找一找）

答案核心： 保留臺灣早期風土民情的珍貴史料。

參考答案： 詳實記載臺灣所見所聞，也側記當時的風土民情，是了解臺灣早期歷史的珍貴史料。

*Q2 找一找形成「康熙臺北湖」的三種可能？解釋作者對這三種可能的論斷。（找一找，為什麼—解釋概念）

答案核心：

1. 暴雨、颱風或海嘯後遺的結果→作者的論斷：不可能。
2. 地球暖化或冰河期結束，融冰入海造成海平面上升→作者的論斷：不可能。
3. 地震、山崩、熔岩，造成堰塞湖→作者的論斷：不可能。

參考答案：

颱風海嘯侵襲→作者的論斷：半封閉海灣剛形成可能是兩者所為。
海平面上漲→作者的論斷：海平面不可能只有臺北盆地上漲。
短暫性堰塞湖→作者的論斷：船不可能進入堰塞湖。

*Q3 根據「甲戌四月，地動不休，番人怖恐，相率徙去，俄陷為巨浸，距今不三年耳。」及臺北簡圖的標示。你認為當臺北盆地沿著「山腳斷層」向西傾斜數公尺時，為什麼會形成大湖？並說明理由，支持你的看法。（你認為）

答案核心：

為什麼會形成大湖：海水從淡水河口倒灌而入。
因為：臺北盆地緊鄰淡水河，這是盆地變成大湖最可能的原因。

參考答案：

QA 解答大公開

為什麼會形成大湖：
- 海水倒灌。
- 高度差導致河水灌進盆地，形成大湖。

因為：山壁向西傾斜，淡水河的水就會流進來。

Q4 康熙時臺北盆地陷落，為什麼清宮的檔案資料沒有記載？（為什麼—解釋原因）

答案核心：
- 臺北盆地屬於化外之區人煙稀少，沒有造成重大災情，所以臺灣地方官員沒有向朝廷反應災情。
- 臺北距離福建、浙江稍遠，對這些地方也沒有造成災害，所以當地官員也沒有反應災情。

參考答案：
- 當時沒有地方誌。
- 當時臺北屬於化外之區。
- 未造成災情。

*Q5 根據段落 ⑧，為下列書籍的成書時間，排列先後順序。（為什麼—排列順序）

④《雍正臺灣輿圖》
⑤《重修福建臺灣府志》
③《諸羅縣志》
②《裨海紀遊》
①《康熙臺灣輿圖》

說故事的人

文／沙奇

本文節錄自《說故事的人》，二○○九年五月格林文化出版
文字提供／格林文化

① 這是一個炎熱的下午，這一列火車裡也是同樣悶熱。下一站是天波康比，還要走大概一個鐘頭才能到站。火車裡的乘客有兩個小女孩和一個小男孩。還有孩子們的孀母坐在車廂的一角。她的對面坐著的是一個他們不認識的單身漢，看來佔領這個房間的大部分是那些孩子。孀母和孩子的談話多半固執己見。孀母的話經常以「不要」開始。孩子們的話開頭幾乎都是「為什麼？」那個單身漢多數時間都不說話。

「不要，賽瑞爾，不要！」孀母大聲說，因為那個小男孩在用力拍坐墊，每拍一下就會冒出灰塵來。

「來看窗子外面。」孀母又說。那孩子勉強走到窗那兒，問道：

「那些羊為什麼被趕出那塊草地？」

「我猜牠們是被趕到一個草更多的地方」孀母不確定的說。

「可是這塊地上的草也不少，」男孩提出抗議。

「這兒只有草沒有別的。孀孀，這塊地上草很多嘛！」

「也許到別處的草好一點兒。」孀母說。

「為什麼會好一點兒？」無可避免的問題立刻頂上來。

「啊，看那些牛！」嬸母大聲說。在鐵路沿線幾乎都養了牛，可是嬸母的說法像是要引起大家對稀有動物的注意。

「為什麼別處的草會好一點兒？」賽瑞爾堅持的問。

② 這時那個單身漢深深的皺起眉頭。嬸母心裡認定他是一個不好對付和缺少同情心的人。

較小的女孩開始唱「走向曼德萊」這首兒歌。可是只會唱第一行，她的聲音堅定而清晰，把這一行反覆的唱著。

「過來聽我講故事。」嬸母說。那個單身漢眨了她幾眼。

孩子們不高興的走向嬸母那一角，顯然她說故事的本事在孩子們眼中並不高明。

嬸母的聲音低沉而有自信心，卻不時被聽眾高昂而急切的問題打斷。她開始講一個關於一個好女孩的枯燥的故事，由於這個女孩品行良好，人人都願意跟她做朋友。

有一次好女孩被一頭瘋狂的公牛攻擊，結果有很多喜歡她的人都來救她。

「如果這個女孩品行不好，這些人還會不會救她？」那個女孩追問。

這也是那個單身漢想問的話。

「啊！會的，」嬸母勉強的承認，「不過如果他們不這麼愛她，就不會跑得這麼快去救她。」

「這是我聽過最糟的故事。」大女孩堅決的說。

「除了開頭一小段以外，其餘得我都沒有聽，太沒意思了。」賽瑞爾說。

小女孩對這個故事沒有表示意見，她一直在唱著她喜歡的歌兒。

③「你的故事好像不太成功。」坐在角落的單身漢忽然說。

孀母對於這種意外的攻擊立刻開始自衛，她倔強的說：

「講給孩子能懂而且喜歡的故事是很困難的。」

「我不同意你的意見。」單身漢說。

「也許你願意給他們講個故事。」孀母說。

「給我們講故事。」大女孩說

④「從前有一個名叫貝莎的小女孩，她的操行成績好得不得了。」單身漢說：

「她很誠實，很熱心，很愛乾淨，也很愛念書。」

「她長得好看嗎？」大女孩問。

「沒有像你們這麼好看，可是為人特別的好。」單身漢說：

「貝莎太好了，她得到很多的善行獎牌，她常常把牌子別在衣服上。這包括孝順獎、守時獎和善行獎。都是大型的金屬獎牌，貝莎走路的時候碰得叮噹響。在她住的城裡沒有別的孩子能得到三面獎牌。」

「太好了！」賽瑞爾說。

「大家都談論她的好處，王子聽到這件事，就說她既然那麼好，可以准許她每個禮拜到城外王子的花園遊玩一次。這是一個美麗的花園，平時不准孩子們進去，所以准許貝莎去逛是很大的光榮。」

「花園裡有沒有羊？」賽瑞爾追問。

「沒有，裡面沒有羊。」單身漢說。

「為什麼裡面沒有羊？」賽瑞爾再問。

這時嬤母在微笑，可以說是一種輕蔑的笑容。單身漢說：

「花園裡沒有羊是因為王子的媽媽有一次夢見他的兒子不是被羊咬死，就是被掉下來的鐘砸死，因此王子不能在花園裡養羊，或是裝一座掛鐘。」這時嬤母壓下一次驚嘆的喘氣。

賽瑞爾問：「後來王子是不是被羊或鐘給害死？」

單身漢輕鬆的回答：「王子還活著，但是我們不能說她母親的夢一定不會實現。不管怎麼樣，花園裡沒有羊，可是卻有很多小豬在裡面跑來跑去。」

「豬是什麼顏色？」

「黑豬長白臉，白豬有黑點，灰豬有白點，還有全白的豬。」說故事的人停了一會兒，接著又說：

「貝莎發現花園裡沒有花兒，覺得很難過。她答應她的嬤婆們，不摘園裡的花兒，現在根本無花可摘，實在太可笑了。」

「花園裡為什麼沒有花兒？」

單身漢立刻回答：

「因為被豬吃光了。園丁告訴王子不能同時養豬和種花，王子就決定養豬而不種花。」有人對王子的決定表示同意，也有人反對。

「花園裡還有很多可愛的東西。有幾個水池，裡面養著金色、藍色和綠色的魚。還有很多樹，樹上落著美麗的鸚鵡，在嘰嘰呱呱的叫。再就是蜂雀，牠們會唱流行歌曲。貝莎在花園裡快樂的散步，心裡想：『如果不是我特別好，就不會被准許進到這個美麗的花園，享受這裡的一切。』她的三個獎章互相碰撞，叮噹作響。」

「就在這個時候，一隻大野狼偷偷兒溜進花園，看看能不能抓到一隻小肥豬來做晚餐」

「什麼顏色的狼？」孩子們立刻有興趣的問。那單身漢回答：

「全身灰灰的，黑舌頭，淡灰的眼睛露出凶光。」

「狼最先看見貝莎，貝莎看見狼正在偷偷兒向她走過來，她開始希望當初王子不准她進花園倒好了。貝莎拼命的逃跑，狼就一跳一跳的追。貝莎逃到一處灌木樹叢，藏在最密的地方。」

「狼來了東闖西闖，黑舌頭伸出嘴來，淡灰色的眼睛露出凶光。貝莎嚇壞了，心裡想：『如果我不是特別優秀，現在在城裡一定很平安。』可是桃金孃樹的味道太強，讓狼聞不出貝莎躲藏的地方。而且樹叢很密，狼在裡面找了半天也找不到，牠想倒不如到別處去找一頭小豬吃吧！」

「凶惡的狼就在眼前，貝莎嚇得直打哆嗦，三個獎牌也就碰得叮咚響。狼剛要走開，聽見這個聲音，立刻闖進樹叢，把貝莎叼出來，一口氣把她吃完，只剩下她的鞋子，破碎的衣服和三個獎牌。」

⑤「那些小豬有沒有被狼吃掉？」孩子們問。

「沒有，他們都逃走了。」

「這個故事一開始很壞，可是結果還不錯。」最小的女孩說。

「這是我從來沒聽說過的最美麗的故事。」大女孩肯定的說。

「這是我聽過的故事裡最好的一個。」賽瑞爾說。

嬸母那兒有不同的意見，她說：

「這是講給孩子聽的最不適當的故事，你為多年良好教育的成果埋下了炸

166

彈！」

　　單身漢說：「無論如何，我已經讓他們安靜了十分鐘，那是你辦不到的。」他弄好行李，準備下車。

　　「不快樂的女人！」當他走下火車，踏上天波康比占月台的時候，自言自語：

　　「以後六個月，這些孩子會在公共場所要求她講不適當的故事給他們聽。」

閱讀闖關 QAtime!

閱讀完上面的文章，
請回答以下五個題目，
看看你的綜合能力有多高？

** Q1 根據下列表格所提供的項目，解釋單身漢與嬸母所說兩個故事的內容。

A：

項目	故事主角	主角特質	主角危機	主角結局
嬸母				
單身漢				

* Q2 找一找小孩如何表示不喜歡嬸母的故事？

A：　大女孩：_____

　　　小女孩：_____

　　　賽瑞爾：_____

Q3 為什麼貝莎後來不喜歡王子的花園？

A：

* **Q4** 好的故事必須「充滿驚奇又處處彷彿合理」。根據這個說法，姍姍與光光進行討論。

　　光光：我贊同這個說法，例如單身漢故事的故事中，……這二個例子就符合驚奇又合理的條
　　　　　件，可以用來支持這個看法。

　　姍姍：你說的很有道理，我贊同你的意見。

　　請問光光所舉證的例子是：

A： 驚奇：_____　　　合理：_____

　　　 驚奇：_____　　　合理：_____

* **Q5** 小明與欣欣討論單身漢故事的結局。

　　欣欣：我覺得這樣的結局很不好，應該讓貝莎逃過大野狼的魔掌。

　　小明：我覺得這樣的結局很好，因為……。

　　請幫忙小明說出兩個理由，支持他的看法。

A： 我的看法：

　　　 理由：

QA解答大公開

回答完前面的五個問題後,請參考下列的「答案核心」,
檢查自己的答案是否能掌握答案核心所列舉的重點。
其次參考「參考答案」觀摩其他同學的答案,並進一步反思如何修正自己的答案。

**Q1 根據下列表格所提供的項目,解釋單身漢與嬸母所說兩個故事的內容。(為什麼—解釋概念)

答案核心:

項目	故事主角	主角特質	主角危機	主角結局
嬸母	一位好女孩	品行好	被公牛攻擊	很多人來救她
單身漢	小女孩貝莎	得到很多善行獎牌	在王子的花園中被尋找晚餐的狼發現	被狼吃掉

參考答案:

項目	故事主角	主角特質	主角危機	主角結局
嬸母	好女孩	●品行好人人願意和她做朋友 ●品行端正	被公牛攻擊	●獲救 ●很多喜歡她的人來救她
單身漢	●貝莎 ●小女孩	●操行成績好她很誠實,很熱心,很愛乾淨,也很愛念書 ●為人特別好	●被狼追 ●大野狼闖入花園看見貝莎	●死亡 ●被狼吃掉

Q2 找一找小孩如何表示不喜歡嬸母的故事？（找一找）

答案核心：

大女孩：這是我聽過最糟的故事。

小女孩：沒有表示意見，一直唱她的歌。

賽瑞爾：除了開頭我都沒有在聽，太沒意思了。

參考答案：

大女孩：

• 以堅決語氣否定嬸母的故事。

• 直接批評。

小女孩：

• 完全不在乎。

• 對故事反應不積極熱烈。

• 持續唱她喜歡的歌。

• 不在乎，繼續做自己的事。

賽瑞爾：

• 只聽開頭一小段便覺得無趣。

Q3 為什麼貝莎後來不喜歡王子的花園？（為什麼—解釋原因）

答案核心：

• 後來在花園中看見大野狼，又被牠追趕，擔心被吃掉，所以心中希望自己沒有來到花園。

參考答案：

• 後來被大野狼追就很後悔，表示她不喜歡了。

• 看見大野狼就不喜歡了。

• 因為被大野狼追，就希望當初王子不准她進花園倒好了。

• 如果我不是特別優秀，現在在城裡一定很平安。

QA解答大公開

*Q4 好的故事必須「充滿驚奇又處處彷彿合理」。根據這個說法，姍姍與光光進行討論。
　光光：我贊同這個說法，例如單身漢故事的故事中，……這二個例子就符合驚奇又合理的條件，可以用來支持這個看法。
　姍姍：你說的很有道理，我贊同你的意見。
　請問光光所舉證的例子是：（你認為）

答案核心：
● 驚奇：花園沒有羊。　　　　合理：媽媽的惡夢 。
● 驚奇：花園有豬，沒有花。　合理：豬吃花，王子決定不種花。
● 驚奇：貝莎被狼吃掉。　　　合理：貝莎害怕，所以獎章發出聲音。
● 驚奇：大野狼進花園。　　　合理：花園有豬。

參考答案：
● 驚奇：花園沒有羊。　　　合理：媽媽的惡夢。
● 驚奇：豬沒被吃掉。　　　合理：豬沒有獎章所以逃掉了。
● 驚奇：貝莎被狼吃掉。　　合理：獎章發出聲音。

*Q5 小明與欣欣討論單身漢故事的結局。
　欣欣：我覺得這樣的結局很不好，應該讓貝莎逃過大野狼的魔掌。
　小明：我覺得這樣的結局很好，因為……。
　請幫忙小明說出兩個理由，支持他的看法。（你認為）

答案核心：
● 顛覆傳統好人有好報的刻板印象。
● 獎章惹來殺機，驚奇又合理。

參考答案：
● 要讓孩子認清並不是事事都美好，人生有幸有不幸要隨時小心。
● 貝莎太驕傲常常把獎章掛在衣服上，如果她不要驕傲，就不會被狼吃掉。
● 兩個故事是對比，孆母的故事太虛偽太光明太完美，貝莎的故事則較貼近真實。
● 貝莎不夠謙卑，所以在社會上不容易生存下去。
● 凡事都是一體兩面，貝莎因為好所能進入王子花園，但也因此惹來殺機。

- 如果沒有大野狼就沒有高潮就沒有起承「轉」合的轉，小孩就不喜歡聽。
- 製造轉折，讓讀者意外。

Part / 5
綜合能力大挑戰 ❷

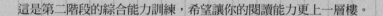

這是第二階段的綜合能力訓練，希望讓你的閱讀能力更上一層樓。

在這一個單元裡，總共有五篇不同類型的文章，請你先從第一篇讀起，閱讀時順手把看到的重點用鉛筆圈出來。接著，找全文主題，統整文本的重點。再根據文本重點，尋找作者如何描述這些重點。最後想一想你對內容或形式，有沒有自己的看法？這個看法能不能自圓其說，說服別人？

先完成上述三階段的思考，再回答「**閱讀闖關 Q A Time**」的五個問題，試試你的綜合指數有多高喔！

註：問題前面如果有 * 的符號，表示它是較難的試題，* 愈多表示問題愈難。

文章 ① 圖表類閱讀：臺灣地區常見疾病罹患人數統計圖

文章 ② 文學類閱讀：蒙克斯維爾莊園的第一天　文／阿嘉莎・克莉絲蒂

文章 ③ 知識類閱讀：從 astrology 到 astronomy　　　　文／孫維新

文章 ④ 知識類閱讀：誰需要達爾文？　　　　　　　　文／劉大任

文章 ⑤ 文學類閱讀：橘子　　　　　　　　　　　文／芥川龍之介

 **臺灣地區常見疾病罹患人數統計圖**

資料來源：環保署、衛生署、經濟部水資會、臺灣省農林廳、臺灣省水利局、臺灣大學農經系陳明健教授、臺灣大學地理系姜善鑫教授、中山大學海洋所陳鎮東教授。(* 已依測驗需要進行調整修改)

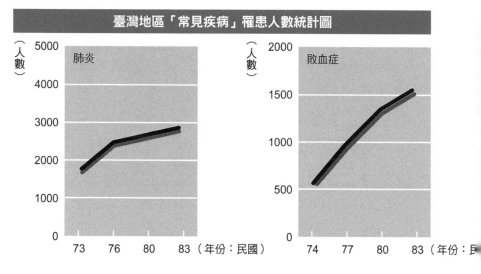

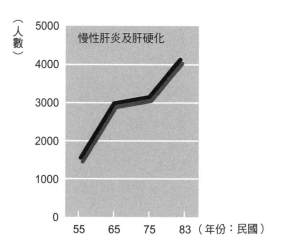

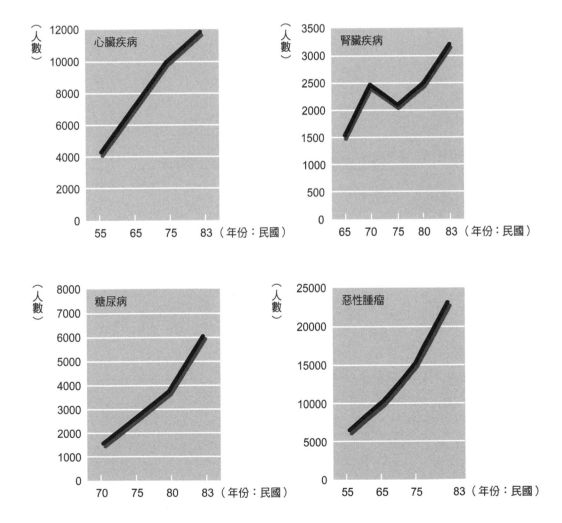

Q1 找一找上圖中，曲線<u>沒有</u>呈現逐漸上升趨勢的是哪一種疾病？

A：

Q2 解釋「統計時間最短」的是什麼疾病？

A：

Q3 解釋 83 年「罹患人數最多」的是什麼疾病？

A：

Q4 說出各項疾病罹患率的共同趨勢？

A：

Q5 如果想比較 80-83 年各種疾病的人數變化，小明認為圖表不能提供明確的訊息。請幫他說明理由，來支持他的看法。

A：

QA解答大公開

回答完前面的五個問題後，請參考下列的「答案核心」，
檢查自己的答案是否能掌握答案核心所列舉的重點。
其次參考「參考答案」觀摩其他同學的答案，並進一步反思如何修正自己的答案。

Q1 找一找上圖中，曲線<u>沒有</u>呈現逐漸上升趨勢的是哪一種疾病？（為什麼—解釋概念）

答案核心：腎臟病。

釐清困難：各種疾病的曲線雖然不同，但只有腎臟病在 70-75 年間出現下降趨勢。

Q2 解釋「統計時間最短」的是什麼疾病？（為什麼—解釋概念）

答案核心：敗血症。

Q3 解釋 83 年「罹患人數最多」的是什麼疾病？（為什麼—解釋概念）

答案核心：惡性腫瘤。

Q4 說出各項疾病罹患率的共同趨勢？（說出主要的）

答案核心：逐漸增加。

參考答案：日漸增加、越來越多人罹患常見疾病、人數上升。

Q5 如果想比較 80-83 年各種疾病的人數變化，小明認為圖表不能提供明確的訊息。請幫他說明理由，來支持他的看法。（你認為）

答案核心：80-83 年肝炎、心臟病及惡性腫瘤，無法提供該時段的人數統計。

2 蒙克斯維爾莊園的第一天

文／阿嘉莎‧克莉絲蒂

本文節錄自《捕鼠器》，二○○六年六月台灣商務出版

景：蒙克斯維爾莊園的大廳堂。傍晚時分。

◎廳堂陳設幾件美好的古老橡木家具，包括一張長餐桌，一個橡木櫃子，以及一張凳子。窗簾和右前方的小型維多利亞式靠背椅陳舊而古老。左方有一個書架，上置收音機與電話。壁爐邊置一籃，存放報章雜誌，沙發後置一半圓型小桌。檯燈擺在沙發桌上。

幕未啟前。劇場燈光漸暗至完全黑暗，同時響起〈三隻瞎眼老鼠〉的音樂聲。

▲當幕啟時，舞台一片黝暗。音樂聲消失，響起的是同一曲調〈三隻瞎眼老鼠〉的尖銳口哨聲。先聽到一女子的尖叫聲，再聽到男女混雜的說話聲：「天啊，怎麼回事？」「往那邊走了！」「哦，天啊！」然後警笛聲起，接著又是警笛聲，最後所有的聲音歸於寂靜。

※ 收音機廣播聲：……根據倫敦警察廳報導，此一罪行發生在柏丁頓區，斑鳩街二十四號。

燈光亮起，照著蒙克斯維爾莊園的廳堂。

※ 收音機廣播聲：被殺的女子名叫摩琳，賴洪。警方偵辦這起兇案，正積極約談附近一名男子。他身穿深色大衣，圍淺色圍巾，戴軟氈帽。

（莫莉從右後方拱門入場）
※ 收音機廣播聲：駕駛請注意結冰的道路。預料大雪還會繼續的下，全國會到處結冰，尤其是蘇格蘭北部海岬及東北岸。

莫莉：哦！真冷。
（莫莉匆匆忙忙出場）
（賈爾斯進場）
賈爾斯：莫莉？莫莉？莫莉？妳在那兒？
（莫莉進入）
莫莉：你買到雞網了嗎？
賈爾斯：找到一種但不合用。我到另外一家，還是找不到合適的，真是一天都浪費了。老天，我凍得半死，車子滑來滑去，雪下得好大。妳猜我們明天會不會被雪封了？
莫莉：哦，親愛的，最好不要。
賈爾斯：一切都準備好了嗎？我猜，還沒有人到是嗎？
莫莉：沒有，謝天謝地。我想一切已安排就緒。現在可能有人隨時來到。

賈爾斯：所有的房間妳都分配好了嗎？

莫莉：好了。博約爾太太，四柱床前室。麥提卡夫少校，藍室。凱絲維爾小
　　　姐，東室。伍倫先生，橡木室。

賈爾斯：不知道他們是什麼樣子的人，我們要不要他們預付房租呢？

莫莉：哦，不要，我想不必。

賈爾斯：他們說不定會耍花樣欺騙我們。

莫莉：他們帶著行李。假如他們不付錢，我們扣留他們的行李。這還不簡單。

賈爾斯：我們應該選讀有關旅館管理的課程，才有辦法對付他們。他們的行李
　　　　也許是用報紙包的磚頭，那我們要怎麼辦？

莫莉：他們的信都來自很好的地址。

賈爾斯：僕人寫假的保證書常寫這種地址。這些人裡面也許有躲避警察的罪犯。

莫莉：我不管他們是什麼人，只要每周付我們七個金幣就好。

（賈爾斯退下）

※ 收音機廣播聲：根據倫敦警察廳報導，此一罪行發生在柏丁頓區，斑鳩街二
十四號。被謀殺的女子是摩琳，賴洪。有關這件謀殺，警察——

※ 收音機廣播聲：警察急於會見在附近的一個男人，身穿著深色大衣——

（莫莉拿起賈爾斯的大衣。）

※ 收音機廣播聲：——圍著淺色圍巾——

（莫莉拿起他的圍巾。）

※ 收音機廣播聲：——又戴著一頂軟氈帽。

（莫莉拿起他的帽子退下。）

※ 收音機廣播聲：駕駛務必留意冰封的道路。

Q1 根據下列表格，解釋有關旅館的相關訊息。

A：

旅館名稱	經營者	客人姓名	放置報章雜誌的地方	是否預收訂金	房租費用

Q2 說出安排◎段落，主要的目的是什麼？

A：

Q3 你認為▲段落，在描述什麼？並說明理由，支持你的看法。

A：　我認為▲段落，在描述：

　　理由：

Q4 找一找收音機廣播（※ 段落），提供聽眾什麼訊息？（寫出兩點）

A：

Q5 閱讀上文後，小雄認為莫莉懷疑賈爾斯是兇殺案兇手。請你從文中舉例證據，支持他的看法。

A：

回答完前面的五個問題後，請參考下列的「答案核心」，
檢查自己的答案是否能掌握答案核心所列舉的重點。
其次參考「參考答案」觀摩其他同學的答案，並進一步反思如何修正自己的答案。

Q1 根據下列表格，解釋有關旅館的相關訊息。（為什麼—解釋概念）
答案核心：

旅館名稱	經營者	客人姓名	放置報章雜誌的地方	是否預收訂金	房租費用
蒙克斯維爾	莫莉 賈爾斯	博約爾 麥提卡夫 凱絲絲維爾 伍倫	壁爐邊的籃子	否	每週七個金幣

Q2 說出安排◎段落，主要的目的是什麼？（說出主要的）
答案核心：介紹旅館廳堂的擺設，說明舞台主要佈景。（讓觀眾對旅館特色有概念）
參考答案：
- 敘述廳堂傢具陳設的地方，讓讀者知道方位。
- 說明旅館的擺設，讓讀劇本的人能有概念。
- 說明幕拉起時，呈現在觀眾前的佈景，讓我們明白旅館的特色形式。

Q3 你認為▲段落，在描述什麼？並說明理由，支持你的看法。（你認為）
答案核心：
我認為▲段落，在描述：兇案地點。
理由：
1. 口哨聲→兇手。
2. 女子尖叫→女子被殺前的尖叫。
3. 吵雜聲、天啊、往那邊走了→兇案現場。
4. 警笛聲→警察來處理。

參考答案：

我認為▲段落，在描述：

- 兇殺案的經過。
- 犯罪景象。
- 兇殺案現場的聲音。
- 斑鳩街二十四號所發生的命案。

理由：能用上述聲音證明是一起兇殺案的現場。

Q4 找一找收音機廣播（※ 段落），提供聽眾什麼訊息？（找一找）。

答案核心：

- 提醒人們注意暴風雪。
- 說明剛發生兇殺案及相關訊息。
- 說明嫌疑犯穿著的特徵。

參考答案：

- 天氣狀況、結冰地方。
- 受害者姓名、犯罪者為男性、犯罪者穿著、特徵。
- 犯罪現場柏丁頓區斑鳩街二十四號。

Q5 閱讀上文後，小雄認為莫莉懷疑賈爾斯是兇殺案兇手。請你從文中舉例證據，支持他的看法。（你認為）

答案核心：

收音機說嫌疑犯大衣、圍巾、軟帽的特徵時，她拿起賈爾斯的大衣、圍巾、軟帽來比對。

從 astrology 到 astronomy

文／孫維新

原文出自《孫維新談天》，二○○二年八月天下文化出版
本文節錄自《晨讀 10 分鐘─論情說理說明文選》，二○一二年八月天下雜誌出版

① 占星術起源於三千年前的兩河流域美索不達米亞平原，最早是用來預測國王與國家的命運。到了西元兩百至三百年左右，占星術由巴比倫傳入希臘，希臘人把它刪減增補、發揚光大，就成為我們今天所熟知的占星術。它不再單純地為國王和國家服務，反而成為一般平民使用出生時間來預測自己性格及命運的一種媒介，自此以後，占星術即向世界各地傳布，所到之處，莫不廣受歡迎。

② 占星術究竟奠基於何種「道理」、又是如何「應用」到命盤解析與運勢預測的呢？利用一個人出生的那一刻太陽、月亮及各行星在天空中的位置，建構出一幅「天宮圖」（horoscope），然後再依據此圖解釋此人的個性及命運，甚至預測每日運氣，這就是占星術。一般而言，占星術先把人們的出生日期用黃道十二宮的星座來區分，由三月二十二日春分點開始，是白羊座，一個月之後是金牛座，然後以此類推，每個星座所占的時間都是由這個月的二十二日到下個月的二十一日。如果說某人是雙子座的，意思是指他出生的時間在五月二十二日至六月二十一日之間，在這段時間裡，太陽在天上的位置是在黃道帶（zodiac）上的雙子座，因此一個人在占星術上是什麼「座」，就是由出生時太陽在黃道帶上的視位置（apparent position）來決定的。

③除了太陽的位置之外，月亮和各行星在此人出生時的位置也納入考量，因此整個天宮圖看來複雜得多，好像也很「科學」似的。然而按照出生時間所決定的天宮圖，在科學上到底有沒有意義？我們接下來試著用邏輯推導占星術的幾個盲點。

④首先，因為劃分成十二個星座，所以全球人口的十二分之一、約莫五億人左右，應該有著類似的性格，想來令人不太能相信。其次是一個比較根本的問題：為何選擇出生的時間做一切預測的根本？尤其在醫學十分發達的今日，出生的時間幾乎可以隨心所欲，從而使得出生時間不再是唯一的標準，相形之下，「受胎時間」反而來得絕對的多！

⑤另一個問題是，為何不同流派的占星學家彼此意見常常相左？科學最重要的特質，就是在同樣的條件設定下可以得到同樣的結果，也就是說我們可以預測科學實驗所得出的答案；但不同流派的占星學家對同一個人的預測卻常有天壤之別，我們從每年歲末時節的報紙就可以看出端倪。到了年終歲尾，報上總會刊出所謂世界十大預言家對明年的世界局勢、各國領袖的命運等預測，但有時針對同一個人卻會有截然不同的預測，這就讓人無所適從了。

⑥另一個更嚴重的問題是行星發現的年代，人們肉眼可見的行星僅有金星、木星、水星、火星、土星五個，但太陽系中除地球外另有天王星、海王星、冥王星三個行星。可是我們知道，天王星是在一七八一年由原籍德國的英國天文學家赫歇爾發現的，海王星是在一八四六年由英國人亞當斯及法國人萊威利埃各自發現；而冥王星更要到一九三〇年才由美國天文學家湯博發現。而在這些年代之前，天宮圖上根本就沒有這些行星存在（當然目前的天宮圖都已

把這三顆行星包含在內了），如此一來，過去的天宮圖到底準不準？萬一哪一天發現了第十顆行星怎麼辦？那時的「天宮圖」是否又要改寫？

⑦ 同樣的，行星的衛星也會造成困擾。天宮圖裡並沒有把各行星的衛星列入，但事實上，有幾個行星的衛星其體積遠超過太陽系裡較小的行星。舉例而言，水星的直徑約四千八百八十公里，但木星的衛星木衛三（Ganymede，甘尼米德）是五千兩百八十公里，土星的衛星土衛六（Titan，泰坦）是五千一百五十公里，都遠較水星來的大，即使是木星的另一顆較小衛星木衛四（Callisto，卡利斯多），也有四千八百一十公里，和水星一般大小。像這些超過行星大小的巨大衛星，在占星術裡卻沒有任何地位，想來不甚合理。

⑧ 在過去數十年間，有許多科學家花了不少工夫對占星術的預測做統計上的分析研究，結果發現在許多次試驗中，占星術預測成功的機率和隨意猜測的機率根本差不多，也因此就科學角度來看，占星術終究只能以偽科學的形式存在。

⑨ 儘管我們現在把占星術和星座命理當做匪夷所思的偽科學，但我們不可一筆抹煞它對現代天文發展的貢獻。早年先民為占星所做的許多觀測（尤其是對行星位置的觀測），使得一部分對追求真理有興趣的人從這些現象的背後慢慢找出天體運行的道理來，促成今天從歐洲萌芽的現代天文學的發展，因此占星術對現代天文學的發展確實提供了一定程度的幫助。

⑩ 然而，如果時代到了二十一世紀，仍然相信太陽走到哪一個背景星座，會對那個時候出生的人有什麼樣的影響，實在不可思議，更何況因為地球歲差❶的關係，三千年前的巴比倫人所看到的太陽星座位置，和現在根本差了一個星座！但這不是重點，因為研究星座命理的人會說「那我們把它調整一個星座

不就得了？」，然而這樣並不能解決占星術相對於科學矛盾的根本問題，我們仍要知曉「科學」和「迷信」的分野究竟在何處。

⑪ 人類文明至此，尚有很多現象是我們所不知道的，可是如果能從一個宏觀的角度來看科學發展的過程，我們會發現像日食、月食、流星雨、彗星這些特殊天象，以前曾經給地上的先民帶來多大的困擾、驚恐和畏懼，但現在日食、月食、流星雨都已經成為天象美景，能夠按照科學家推測的時間準確地發生，日食和月食預測準確的程度甚至可以用來對時。原來以為天地驟轉的變態，到了現代已經變成我們可以帶著喜悅心情去欣賞的常態，這個常態成為了驗證日月星辰運行規律的天象。

⑫ 正是因為科學的發展，讓我們認識了更多的道理，許多現象就變成了我們所能領悟和掌握的，不再令我們害怕。同樣的，今日我們所見的一些令人驚悚畏懼的「超自然」景象，很可能只礙於我們所知有限而無法合理解釋，但隨著科學的發展，很多令日看起來不可解的現象，往後或許會逐漸變得簡單明瞭。今日我們回過頭去看那些曾經被日食和月食嚇壞的先民，覺得他們可笑，但或許往後我們的子孫回頭看我們喜歡占星、崇尚幽浮與外星人的種種「事蹟」時，會笑我們是傻瓜呢！一旦了解這個道理後，很多事情就無需多費唇舌了。

【注釋】

❶ 歲差（precessoin），即進動，陀螺之類的旋轉物體，其自轉軸的方向發生的緩慢週期變化。

Q1 說出本文主要在推導什麼？

A： 有關占星術的 _____

_____

_____

 **Q2** 找一找占星術主要的依據是什麼？利用這個圖，它想解釋什麼？

A：

Q3 小明屬於金牛座，請解釋他的生日會在哪段時間？

A：

Q4 解釋占星術的五個盲點分別是什麼？

A：

Q5 你認為作者想用占星術的五個盲點，證明什麼？從文中找出兩點證據，支持你的看法。

A： 作者想用占星術的五個盲點，證明：

理由：

QA 解答大公開

回答完前面的五個問題後,請參考下列的「答案核心」,
檢查自己的答案是否能掌握答案核心所列舉的重點。
其次參考「參考答案」觀摩其他同學的答案,並進一步反思如何修正自己的答案。

Q1 說出本文主要在推導什麼?(說出主要的)

答案核心:占星術的盲點。

參考答案:占星術的幾個盲點。

Q2 找一找占星術主要的依據是什麼?利用這個圖,它想解釋什麼?(找一找,為什麼─解釋概念)

答案核心:天宮圖/解釋人的個性及命運。

參考答案:天宮圖/人們的性格。

Q3 小明屬於金牛座,請解釋他的生日會在哪段時間?(為什麼─解釋概念)

答案核心:4/22 — 5/21。

Q4 解釋占星術的五個盲點分別是什麼?(為什麼─解釋概念)

答案核心:

1. 約五億人有類似的性格。

2. 出生時間可以挑選。

3. 同一事件常有截然不同的預測。

4. 在天王、冥王、海王星發現之前,天宮圖早已存在。

5. 有些衛星比行星大,在天宮圖卻沒有位置。

Q5 你認為作者想用占星術的五個盲點，證明什麼？從文中找出兩點證據，支持你的看法。（你認為）

答案核心：

作者想用占星術的五個盲點，證明：占星術不可靠（不客觀、不準確）。

理由：（從中擇二說明即可）

1. 因為約五億人有類似的性格，所以占星術可能不準確。

2. 因為可以挑出生時間，所以占星術可能不準確。

3. 因為同一事有不同預測，所以占星術可能不準確。

4. 因為天宮圖未來可能會有改變，所以占星術可能不準確。

5. 因為大衛星未納入天宮圖，所以占星術可能不準確。

誰需要達爾文？

文／劉大任

原文出自《閱世如看花》，二〇一一年二月洪範書店出版
本文節錄自《晨讀 10 分鐘－論情說理說明文選》，二〇一二年八月天下雜誌出版

① 今年是達爾文誕生的兩百周年，也是《物種原始》出版的第一百五十周年，應該是人類歷史上一個相當值得重視的年份，這個人和這本書，提供我們觀察理解世界的一個新觀點。這種觀點，達爾文在《物種原始》結束前，最後一句話說得相當委婉：「從如此簡單的開始，最美麗最神奇的無窮盡的（生命）形式，不斷演化出來，此時仍在發生。這種生命觀，有它宏偉壯麗的一面。」。

② 這是一種什麼樣的生命觀？首先，它否定了地球生物源於超自然神力的「創造說」；其次，它指出，所有生命，無論外在形態多麼繁複歧異，卻隱然有個內在聯繫。萬物同源，複雜來自簡單。所以當今生物學研究的共同基礎「生命樹」的觀念，已經出現在達爾文的著作裡面，雖然，他在一八三七年手繪的那個有名的「生命樹」，只有最原始的十幾個枝椏。

③ 今天，有關「生命樹」的探索，到了什麼程度？

④ 據報導，美國亞歷桑納大學的生物學家杉德森博士（Dr. Sanderson）正在努力把人類已知的所有植物的「種」（species），查明它們彼此的血緣關係，全部繪製在一張圖表裡面。這是地球四億五千萬年演化出來的大約五十萬個不同的植物「種」。杉德森和他的同

事，利用超級電腦破解無數遺傳數據，據說距成功之期不遠。唯一的問題是，杉德森說：我們有辦法建立這張圖表，卻沒辦法讓你「看見它」！

⑤「生命樹」是一種思維方法。達爾文在《物種原始》中如此推論，一個「祖種」演化成不同的形態，分為各種族裔譜系，就好像大樹的萬千枝葉從一根枝幹發生成長。這樣的思維方法，往往幫助生物學家發現新的演化方式。二〇〇七年，德國卡爾‧馮‧奧西茲基大學的賓甯達‧艾德蒙茲博士（Dr. Bininda-Edmongds）公佈了一株「生命樹」，其中涵蓋了目前已知的所有哺乳動物，共計四千五百個「種」。過去生物學家大多認為哺乳類的主要譜系，是在六千五百萬年前恐龍絕滅之後，才獲得發展繁榮的機會。藉由「哺乳類生命樹」提供的資訊，再經過對比研究，賓甯達‧艾德蒙茲博士的團隊發現，哺乳類動物早在恐龍滅絕之前的幾百萬年就已開始變異演化。美國北卡羅萊納州的國家演化綜合研究中心（Natioanal Evolutionary Synthesis Center）的生物學家史提芬‧史密斯（Stephen Smith）及其同僚，創造了一株涵蓋一萬三千五百三十三個植物「種」的「生命樹」。研究發現，一向認為是活化石的蕨類植物，上億年來沒有什麼變化，實際上，它們的演化速度，比部份針葉植物和開花植物還要快得多。

⑥現在，這些「生命樹」的圖象還有點大而無當。四千五百種哺乳類動物的資料，變成圖表，需要長寬各兩公尺的螢幕。如果物種數目在百萬以上，這個巨大的「生命樹」，根本就無法「看」了。這顯然需要電子圖表專家加入奮鬥。專家們的希望是，將來有一天，涵蓋地球全部生命的演化資料，可以濃縮在手機大小的儀器中，隨時隨地調出來使用。就跟遺傳學家的理想一樣，人

體的全部 DNA 圖譜，收進手機大小的儀器，供醫生診斷病情。

⑦ 萬物同源的「生命樹」，無疑是達爾文對人類知識的偉大貢獻，這種生命觀，經過一百五十年，今天仍然指導著我們的基本思維。達爾文的貢獻，還不止此。演化理論裡面的核心部份，「天擇說」，今天仍有強大生命力。

⑧ 所謂「天擇」，達爾文的原文是「natuaral selection」，按照字面，應譯成「自然選擇」，因為，達爾文的理論中，自然選擇是沒有目的的，而「天」這個字，很容易與某種超自然的意志混淆，絕對不符合達爾文的想法。

⑨ 而達爾文這種「萬物同源」、「自然選擇」的生命觀，對今天的我們，究竟有什麼意義？

⑩ 中國這個民族，是比較急功近利的。達爾文這種「萬物同源」、「天道無親」的生命觀，既不能保證功利，又無法提供救贖，所以，百年來，只能成為學校教室範圍傳播實用知識的一個媒介，始終無法切入我們中國人對人生和命運的思考，即便在無神論統治了半個世紀以上的大陸，也不例外。

⑪ 所以，誰需要達爾文？只想提醒大家，逐漸富裕起來的海峽兩岸，如今從上到下，無不求神問卜，迷信風水，鑽營來生，這樣的社會風氣，難道不需要實事求是的科學精神？

Q1 標題「誰需要達爾文？」，說出「達爾文」所代表的精神主要是什麼？

A：

Q2 找一找達爾文《物種原始》最重要的兩個觀念是什麼？

A：

Q3 杉德森說：「我們有辦法建立五十萬個不同植物的種的生命樹，但是卻沒有辦法讓你看見它」，解釋未來會如何處理這個困境？

A：

Q4 根據段落 ⑤，解釋蕨類植物與哺乳類動物的「傳統誤解」與「釐清」？

A：

項目	誤解	釐清
蕨類植物		
哺乳類動物		

Q5 讀完上文，小真與小節對「天擇」與「自然選擇」提出他們的看法。

小真：我不贊成把「天擇」改為「自然選擇」，因為「天擇」與「自然選擇」根本是同一個概念。

小節：我贊成把「天擇」改為「自然選擇」，因為……。

請為小節說明理由，支持他的看法。

A：

QA解答大公開

回答完前面的五個問題後，請參考下列的「答案核心」，
檢查自己的答案是否能掌握答案核心所列舉的重點。
其次參考「參考答案」觀摩其他同學的答案，並進一步反思如何修正自己的答案。

Q1 標題「誰需要達爾文？」，說出「達爾文」所代表的精神主要是什麼？（說出主要的）
答案核心：實事求是的科學精神。

Q2 找一找達爾文《物種原始》最重要的兩個觀念是什麼？（找一找）
答案核心：
1. 萬物不是上帝所創造（自然選擇）。
2. 萬物同源，由簡單的開始，不斷演化出無窮的生命形式。

參考答案：
1.
● 否定地球生物源於自然神力的創造說。
● 自然選擇沒有目的。
2.
● 生命無論外在形態有多少差異卻隱然有個內在聯繫：萬物同源。
● 從最簡單的開始。

Q3 杉德森說：「我們有辦法建立五十萬個不同植物的種的生命樹，但是卻沒有辦法讓你看見它」，
解釋未來會如何處理這個困境？（為什麼─解釋概念）
答案核心：利用電子圖表專家的智慧，將巨大的生命樹資料濃縮在手機大小的儀器中，可隨時調出使
用。

參考答案：
● 圖檔壓縮。
● 把生物學家所創造的生命樹，讓電子圖表專家處理後濃縮。
● 把資料收藏到手機裡，可以隨時觀看。
● 用科學研究或電子產品去創造。

 QA解答大公開

Q4 根據段落 ⑤，解釋蕨類植物與哺乳類動物的「傳統誤解」與「釐清」？（為什麼─解釋概念）

答案核心：

項目	誤解	釐清
蕨類植物	上億年來未曾產生變化	演化速度比部份針葉植物和開花植物還快
哺乳類動物	主要譜系在恐龍滅絕後才發展繁榮	早在恐龍滅絕前，已經開始變異演化

參考答案：

項目	誤解	釐清
蕨類植物	●活化石 ●上億年來未曾產生變化	●演化速度快 ●演化速度比部份針葉植物和開花植物還快
哺乳類動物	主要譜系在恐龍滅絕後，才發展繁榮	早在恐龍滅絕前，已經開始發展

Q5 看完上文，小真與小節對「天擇」與「自然選擇」提出它們的看法。

小真：我不贊成把「天擇」改為「自然選擇」，因為「天擇」與「自然選擇」根本是同一個概念。

小節：我贊成把「天擇」改為「自然選擇」，因為……。

請為小節說明理由，支持他的看法。(你認為)

答案核心：自然選擇是沒有目的，而天這個字很容易與某種超自然的意志混淆。

參考答案：
● 因為不是天來決定，而是大自然決定。
● 較貼近達爾文所表達的意思。
● 中國人相信上天，因此這種說法帶有迷信；自然選擇則是放任它自己變化選擇。

5. 橘子

文／芥川龍之介

原文出自《羅生門》，二○○一年遊目族出版
本文節錄自《晨讀 10 分鐘—成長故事集》，二○一○年七月天下雜誌出版
文字提供／格林文化

① 冬天的傍晚，天色陰沈，我坐在橫須賀發車的上行二等客車的角落裡，呆呆地等待開車的笛聲。車裡的電燈早已亮了，車廂裡除了我以外，沒有別的乘客。朝窗外一看，今天和往常不同，昏暗的站台上，不見一個送行的人，只有關在籠子裡的小狗，不時嗷嗷哀叫幾聲。

② 這片景色和我當時的心境十分吻合。我腦子裡有說不出的疲勞和倦怠，就像這沉沉欲雪的天空那麼陰鬱。我一動也不動地雙手揣在大衣兜裡，根本打不起精神把晚報掏出來。

③ 不久，發車的笛聲響了。我略覺舒展，將頭靠在後面的窗框上，漫不經心地期待著眼前的車站慢慢地往後退去。但是車子還未移動，卻聽見剪票口那邊傳來一陣低齒木屐的吧嗒吧嗒聲；霎時，隨著列車員的謾罵，我坐的二等車廂的門咯嗒一聲拉開了，一個十三、四歲的姑娘慌慌張張地走了進來。同時，火車使勁顛簸了一下，並緩緩地開動了。站台的廓柱一根根地從眼前掠過，送水車彷彿被遺忘在那裡似的，戴紅帽子的搬運夫正向車廂裡給他小費的什麼人致謝——這一切都在往車窗上颳來的煤煙之中依依不捨地向後倒去。我好不容易

鬆了口氣,點上菸捲,這才無精打采地抬起眼皮,瞥了一下坐在對面的姑娘的臉。

④ 那是個道地的鄉下姑娘,沒有油性的頭髮挽成銀杏髻,紅得刺目的雙頰上橫著一道道皸裂的痕跡。一條骯髒的淡綠色毛線圍巾一直低垂到放著一個大包袱的膝頭上,捧著包袱的滿是凍瘡的手裡,小心翼翼地緊緊握著一張紅色的三等車票。

⑤ 我不喜歡姑娘那張俗氣的臉,那身邋遢的服裝也使我不快。更讓我生氣的是,她竟蠢到連二等車和三等車都分不清楚。因此,點上菸捲之後,也是有意要忘掉姑娘這個人,我就把大衣兜裡的晚報隨便攤在膝蓋上。這時,從窗外射到晚報上的光線突然由電燈光代替了,印刷品質不佳的幾欄鉛字格外明顯地映入眼簾。不用說,火車現在已經駛進橫須賀線上很多隧道中的第一個隧道。

⑥ 在燈光映照下,我溜了一眼晚報,上面刊登的淨是人世間一些平凡的事情,例如外遇問題啦,新婚夫婦啦,瀆職事件啦,訃聞等等,這些新聞都解不了悶兒——進入隧道的那一瞬間,我產生了一種錯覺,彷彿火車在倒著開似的,同時,近乎機械地瀏覽著這一條條索然無味的消息。然而,這期間,我不得不始終意識到那姑娘正端坐在我面前,臉上的神氣儼然是這卑俗的現實的人格化。正在隧道裡穿行著的火車,以及這個鄉下姑娘,

還有這份滿是平凡消息的晚報——這又象徵著什麼呢？不正是這難以言說的、庸碌而無聊的人生嗎？我對一切都感到心灰意懶，就將還沒讀完的晚報撇在一邊，又把頭靠在窗框上，像死人一般闔上眼睛，打起盹兒來。

⑦ 過了幾分鐘，我覺得受到了騷擾，不由得睜開了眼，那姑娘不知什麼時候竟從對面的座位挪到我身邊，並且一個勁兒地想打開車窗。但笨重的玻璃窗好像不大好打開。她那皸裂的腮幫子就更紅了，一陣陣吸鼻涕的聲音，隨著微微的喘息聲，不停地傳進我的耳際。這當然足以引起我幾分同情。暮色蒼茫之中，只有兩旁山脊上的枯草清晰可辨，此刻直逼到窗前，可見火車就要開到隧道口了。我不明白這姑娘為什麼特地要把關著的車窗打開。不，我只能認為，她這不過是一時的心血來潮。因此，我依然懷著悻悻的情緒，但願她永遠也打不開，冷眼望著姑娘用那雙生著凍瘡的手拚命要打開玻璃窗的情景。

⑧ 不久，火車發出悽厲的聲響衝進隧道；與此同時，姑娘想要打開的那扇窗終於咯登一聲落了下來。一股濃黑的空氣，好像把煤煙融化了似的，忽然間變成令人窒息的煙屑。從方形的窗洞滾滾地湧進車廂。我簡直來不及用手絹蒙住臉，本來就在咳嗽，這時被噴了一臉的煙，更加咳嗽得連氣兒都喘不上來。姑娘卻對我的咳嗽毫不介意，把頭伸到窗外，目不轉睛地盯著火車前進的方向，一任劃破黑暗颳來的風吹拂她那挽著銀杏髻的鬢髮，她的形影浮現在煤煙和燈光當中。這時窗外開始亮了起來，泥土、枯草和水的氣味涼颼颼地撲了進來，我這才好容易止了咳，要不是這樣，我準會沒頭沒腦地把這姑娘罵上一通，讓她把窗戶照舊關好。

⑨ 但是，這當兒火車已經安然鑽出隧道，正在經過夾在滿是枯草的山嶺

當中那疲敝鎮郊的平交道。平交道附近，寒傖的茅草屋頂和瓦頂鱗次櫛比。大概是鐵路工人在打信號吧，一面顏色暗淡的白旗孤零零地在薄暮中懶洋洋地搖曳著。

⑩火車剛剛駛出隧道，這時，我看見了在那寂寥的平交道柵欄後，三個紅臉蛋的男孩子並肩站在一起。他們個個都很矮，彷彿是給陰沉的天空壓小的；他們穿的衣服、顏色跟鎮郊那片景物一樣淒慘。他們抬頭望著火車經過，一齊舉起手，扯起小小的喉嚨拚命尖聲喊著，聽不懂喊的是什麼意思。這一瞬間，從窗口探出半截身子的那個姑娘伸開生著凍瘡的手，使勁地左右擺動，給溫煦的陽光映照成令人喜愛的金色的五、六個橘子，忽然從窗口朝送火車的孩子們頭上落下去。我不由得屏住呼吸，登時恍然大悟。姑娘大概是前去當女傭的，把揣在懷裡的幾個橘子從窗口扔出去，以犒賞特地到平交道來給她送行的弟弟們。

⑪蒼茫的暮色籠罩著鎮郊的平交道，像小鳥般叫著的三個孩子。以及朝他們頭上丟下來的橘子那鮮艷的顏色──這一切一切，轉瞬間就從車窗外掠過去了。但是這情景卻深深地銘刻在我心中，使我幾乎透不過氣來。我意識到自己由衷地產生了一股莫名其妙的喜悅心情。我仰起頭，像看另一個人似地定睛望著那個姑娘。不知道什麼時候，姑娘已回到我對面的座位上，淡綠色的毛線圍巾仍舊裹著她那滿是皸裂的雙頰，捧著大包袱的手裡緊緊握著那張三等車票。

⑫直到這時我才聊以忘卻那無法形容的疲勞和倦怠，以及那難以言說的、庸碌而無聊的人生。

Q1 解釋段落 ⑤，作者用什麼細節描寫火車進入隧道後的情景？

A：

Q2 「庸碌、無聊的人生」是一種抽象的感受。解釋段落 ⑥，作者如何利用具體的事物，讓讀者對抽象的感受有具體的體會？

A：

**Q3 作者最後為什麼沒有責備鄉下姑娘「打開車窗」的行為？

A：

Q4 作者如何描寫橘子？你認為作者想藉由這樣的描寫，暗喻什麼？請說明理由，支持你的看法。

A:

橘子描寫	
看法	
理由	

Q5 看見鄉下姑娘扔出橘子給弟弟後，想一想作者為什麼說「我仰起頭，像看另一個人似地定睛望著那個姑娘」？

A:

QA解答大公開

回答完前面的五個問題後,請參考下列的「答案核心」,
檢查自己的答案是否能掌握答案核心所列舉的重點。
其次參考「參考答案」觀摩其他同學的答案,並進一步反思如何修正自己的答案。

Q1 解釋段落 ⑤,作者用什麼細節描寫火車進入隧道後的情景?(為什麼─解釋概念)

答案核心:從窗外射到晚報上的光線突然由電燈光代替了,印刷品質不佳的幾欄鉛字格外明顯地映入
眼簾。

參考答案:

- 晚報上的光線突然由電燈光代替了。
- 光源不同,使鉛字更明顯顯出品質不佳的印刷。

Q2「庸碌、無聊的人生」是一種抽象的感受。解釋段落 ⑥,作者如何利用具體的事物,讓讀者對
抽象的感受有具體的體會?(為什麼─解釋概念)

答案核心:

- 無聊的火車及行程。
- 無聊的報紙。
- 庸碌的女孩。

參考答案:

- 穿行隧道的火車。
- 充滿平凡消息的晚報。
- 鄉下姑娘俗氣的臉、邋遢的裝扮、緊握車票的神情。

*Q3 作者最後為什麼沒有責備鄉下姑娘「打開車窗」的行為?(為什麼─解釋原因)

答案核心:涼爽的空氣取代污濁的空氣,我也止住咳嗽。

參考答案:因為泥土、枯草和水的氣味涼颼颼地撲了進來,我也止住咳嗽。

Q4 作者如何描寫橘子？你認為作者想藉由這樣的描寫，暗喻什麼？並進一步說明理由。(你認為)

答案核心：

如何描寫橘子	給溫煦的陽光，映照成令人喜愛的金色的五、六個橘子
暗喻	金色象徵珍貴
理由	●姑娘外出幫傭，父母將家中最珍貴的橘子讓姑娘帶去，表達父母的不捨與關懷 ●姑娘了解貧寒的生活中，弟弟對吃橘子的渴望，所以將橘子傾囊相贈，表現出愛人勝過愛己的高貴情操

參考答案：

如何描寫橘子	●被陽光映成金色 ●令人喜愛的金色橘子
暗喻	●姊弟的愛 ●對弟弟的祝福 ●手足之情
理由	●姊姊感受弟弟的愛心，所以也表達自己的愛心 ●姊姊將橘子全丟給弟弟，表達她無私溫暖的愛 ●作者用溫暖令人喜愛來形容，推測是一種祝福與愛 ●姊姊當女傭可能一段時間無法回家，用橘子表達最後的感情

Q5 看見鄉下姑娘扔出橘子給弟弟後，想一想作者為什麼說「我仰起頭，像看另一個人似地定睛望著那個姑娘」？(想一想─分析隱藏涵義)

答案核心：

作者過去看見的鄉下女孩只是個外表俗氣，令人不舒服的人；而當她能體貼弟弟的心，表現出傾囊相贈這樣大氣魄的愛心後，作者感受到她人格的光輝，所以作者尊敬的仰望她，並像看另一個人似地定睛望著那個姑娘。

參考答案：

● 對她的行為感到震懾，由原來的看不起轉為尊敬。
● 作者對姑娘印象改觀了。

楊佳嫻、鯨向海編選——
**青春無敵早點詩·
中學生新詩選**

編選人／楊佳嫻、鯨向海
圖／潘昀珈
定價／280元

★「好書大家讀」入選
★榮登博客來網路書店
　暢銷榜

生命若能重來一次，我知道一定有更
好的方法，讓我能夠更清晰、必然地
靠近詩。比如，一本有趣的、優美的，
為了入門者而編的詩選。

——楊佳嫻

此詩選主要是針對一般「涉詩未深」
的青少年，所選的詩因而也是比較抒
情傳統一些，為了使讀者讀起來不覺
負擔，忽然之間便能增進了一甲子現
代詩內功。

——鯨向海

名家作者群：洛夫、瘂弦、紀弦、商
禽、楊牧、向陽、陳黎、陳義芝、
陳育虹、零雨、孫梓評、林婉瑜、隱
匿、陳雋弘等。

柯華葳編選——
論情說理說明文選

編選人／柯華葳
圖／徐至宏
定價／280元

說明文是生活中最常遇到的文
類，說明文通常也是我們知識的
主要來源，我們讀的教科書基本
上正是一種說明文。因此學習如
何閱讀，進而有效率的閱讀說明
文，是很重要的閱讀能力之一。

——柯華葳

名家作者群：王文華、余光中、
李淳陽、洪蘭、孫維新、陳
藹、傅大為、單維彰、曾志朗、
張曉風、楊照、蔣勳等。

［中學生］

台灣第一套針對「晨讀運動」
策劃編選之讀物

晨讀 _10_ 分鐘

人文社科名家精選，**洪蘭、柯華葳**好評推薦

楊照編選——
**世紀之聲·
演講文集**

編選人／楊照
定價／280元

★博客來網路書店年度百大暢銷書

只有當你體會到了那股力量，你才真
正聽到了一場演講，你也才有機會培
養自己成為一個懂得如何藉由演講影
響別人的人。

——楊照

名家作者群：柏拉圖、林肯、邱吉
爾、羅斯福、愛因斯坦、甘地、孫
中山、胡適、達賴喇嘛等。

殷允芃編選——
**放眼天下·
勵志文選**

編選人／殷允芃
定價／280元

★博客來網路書店年度百大暢銷書

所謂「成功人士」或「名人」，常常
令我感動的，是他們認真思考人生的
智慧，反省失敗的勇氣，以及當眾人
皆曰不可為時，仍願意全力以赴，走
一條不同的路之氣魄與決心。

——殷允芃

精選名人群：歐普拉、張忠謀、龍
應台、洪蘭、王偉忠、魏德聖、五
月天等。

劉克襄編選——
**挑戰極限·
探險故事**

編選人／劉克襄
定價／280元

★博客來網路書店年度百大暢銷書

探險不只是冒險。探險的更大意義，
無寧是一種生活價值的選擇。尋找自
我，實踐那最不可能的夢想。

——劉克襄

名家作者群：三毛、梁丹丰、江秀
真、杜蘊慈、黃寶蓮、林克孝、徐
仁修、張祖德、陳彥博等。

廖玉蕙編選——
幽默散文集

編選人／廖玉蕙
圖／Rae
定價／280元

★「好書大家讀」入選
★新聞局中小學生優良課外讀物推介
★誠品書店年度TOP暢銷書
★博客來網路書店年度百大暢銷書

幽默是機敏的臨場應對，蘊含高雅、雋永的情趣。雖未必人人都具備，但我們對可以藉由耳濡目染、觸類旁通來涵養。
——廖玉蕙

名家作者群：余光中、廖玉蕙、詹宏志、莊裕安、黃春明、簡媜、亮軒、張曉黎、紀蔚然、舒國治等。

張曼娟編選——
成長故事集

編選人／張曼娟
圖／林小杯
定價／280元

★「好書大家讀」入選
★新聞局中小學生優良課外讀物推介
★誠品書店年度TOP暢銷書
★博客來網路書店年度百大暢銷書

這些故事各自精采，就像許多為你敞開的窗子，看著窗外雲影天光，我們感到被瞭解、被安慰，對著星星許願，我們相信明天的自己更從容，也更自由。
——張曼娟

名家作者群：三毛、王鼎鈞、林海音、阿盛、侯文詠、張曼娟、張愛玲、張曉風、琦君、簡媜等。

王文華編選——
人物故事集

編選人／王文華
圖／達姆
定價／280元

★「好書大家讀」入選
★誠品書店年度TOP暢銷書
★博客來網路書店年度百大暢銷書

這些有著獨特生命歷程、發揚生命價值的勇士，希望他們能闖入少年們的心中，輕撞年少的心靈。每天十分鐘，與一位不平凡的人相遇。
——王文華

精選名人群：珍古德、甘地、吳寶春、伽利略、李安、周杰倫、蕭青陽、比爾蓋茲、賈伯斯、林義傑等。

系列特色

台灣第一套針對「晨讀10分鐘」運動策劃編選之讀物。
由不同思想領域大師為高年級以上孩子編選，選文包羅各種文類，觀點橫跨 不同世代。
附編者導言、創作者簡介、文章背後奇聞軼事等，具解釋和學習附加價值功能。

晨讀，動起來！ **最完整的「晨讀」學習網**
parenting.cw.com.tw/issue/reading10mins

張子樟編選——
文學大師短篇名作選

編選人／張子樟
圖／潘昀珈
定價／280元

「好書大家讀」入選
誠品書店年度TOP暢銷書
博客來網路書店年度百大暢銷書

些名家作品有著獨特、意想不到和新穎的內涵，更蘊藏著人生旅程中寶貴的多元經驗，將引領年輕讀者運用想像力和推理力，再三咀嚼回味。
——張子樟

作家作者群：卡爾維諾、托爾斯泰、更斯、波赫士、契訶夫、海明威、格涅夫、莫泊桑、普希金等。

方文山編選——
愛‧情故事集

編選人／方文山
圖／葉懿瑩
定價／280元

★「好書大家讀」入選
★博客來網路書店年度百大暢銷書

各種形形色色情感的核心精神，其實就是「關懷」。我們透過對不同人、事、物表達善意關懷，才真實感受到愛的存在，也才能體會出自己今生今世存在的意義。
——方文山

名家作者群：王文華、李家同、席慕蓉、陳義芝、劉克襄、蔣勳、羅蘭等。

何琦瑜編選——
啟蒙人生故事集

編選人／何琦瑜
定價／149元

★「好書大家讀」入選

學習找到「目的與意義」，建構自己人生的「導航系統」，是少年時期非常重要的發展。透過真實的人物故事，閱讀這些人物的成長歷程，看他們如何找到「人生的開關」，對少年讀者來說，是極為有意義的探索。
——何琦瑜

名人分享群：沈芯菱、王小隸、柴智屏、哲也、唐心慧、幾米、張曼娟、張文亮、蔡穎卿、鄒駿昇、戴勝益、魏德聖、顏擇雅等。

閱讀素養一本通

作者｜鄭圓鈴
責任編輯｜周彥彤
美術設計｜黃育蘋
插圖｜陳完玲、水腦

天下雜誌群創辦人｜殷允芃
董事長兼執行長｜何琦瑜
媒體暨產品事業群
總經理｜游玉雪
副總經理｜林彥傑
總編輯｜林欣靜
行銷總監｜林育菁
副總監｜李幼婷
版權主任｜何晨瑋、黃微真

出版者｜親子天下股份有限公司
地址｜台北市 104 建國北路一段 96 號 4 樓
電話｜（02）2509-2800　傳真｜（02）2509-2462
網址｜www.parenting.com.tw
讀者服務專線｜（02）2662-0332　週一～週五：09:00~17:30
讀者服務傳真｜（02）2662-6048
客服信箱｜parenting@cw.com.tw
法律顧問｜台英國際商務法律事務所‧羅明通律師
製版印刷｜中原造像股份有限公司
總經銷｜大和圖書有限公司　電話：（02）8990-2588

出版日期｜2013 年 8 月第一版第一次印行
　　　　　2024 年 7 月第一版第二十一次印行
定　價｜280 元
書　號｜BCKCI025P
ISBN｜978-986-241-745-4（平裝）

訂購服務
親子天下 Shopping｜shopping.parenting.com.tw
海外‧大量訂購｜parenting@cw.com.tw
書香花園｜台北市建國北路二段 6 巷 11 號　電話（02）2506-163
劃撥帳號｜50331356 親子天下股份有限公司

閱讀素養一本通 / 鄭圓鈴文.
-- 第一版.
-- 臺北市：天下雜誌，2013.08
　面；　公分
ISBN 978-986-241-745-4（平裝）

1. 漢語教學 2. 閱讀指導 3. 中等教育

524.31　　　　　　102013161

立即購買 >